中外文化的交流与互动

主编◎吴格非　孟庆波

ZHONGWAI WENHUA DE
JIAOLIU YU HUDONG

中国矿业大学出版社
·徐州·

图书在版编目(CIP)数据

中外文化的交流与互动/吴格非,孟庆波主编.—徐州:中国矿业大学出版社,2024.7

ISBN 978-7-5646-6046-8

Ⅰ.①中… Ⅱ.①吴…②孟… Ⅲ.①中外关系－文化交流－研究 Ⅳ.①G125

中国国家版本馆 CIP 数据核字(2023)第 208772 号

书　　名	中外文化的交流与互动
主　　编	吴格非　孟庆波
责任编辑	万士才
出版发行	中国矿业大学出版社有限责任公司
	(江苏省徐州市解放南路　邮编 221008)
营销热线	(0516)83885370　83884103
出版服务	(0516)83995789　83884920
网　　址	http://www.cumtp.com　**E-mail**:cumtpvip@cumtp.com
印　　刷	徐州中矿大印发科技有限公司
开　　本	787 mm×1092 mm　1/16　**印张** 11.5　**字数** 164 千字
版次印次	2024 年 7 月第 1 版　2024 年 7 月第 1 次印刷
定　　价	48.00 元

(图书出现印装质量问题,本社负责调换)

目 录

20世纪域外杜甫英译专著之文化语境、诠释

  立场及影响 ………………………………… 江　岚/1

近代早期德国出版物中的中国

  ………………………… 丹尼尔·珀迪　著　康杰　译/23

开拓与羁绊——晚清归国留美幼童的困境 ………… 官　濛/36

18世纪法国蔚然流行的"汉风" ……………………… 龙　云/48

美国的中国农学留学生

  ………………… D.Hoe Lee 著　孟姝含　译　邓凤鸣　校/66

茶叶的一般及药用价值

  ………………… 约翰·考克利·莱瑟姆　著　孟庆波　译/74

茶叶初传荷兰考 ………………… 施古德　著　刘彩艳　译/80

我们与中国的贸易

  ……………………… 华盛顿·福特　著　吴昀珊　译/85

试论志怪小说的产生及对后世小说的影响 ………… 吴佳熹/94

徐州汉画像石中的外来文化 ……………………… 杨孝军/108

"两汉文化看徐州"解读 …………………………………… 李志强/122

认知人类学与外来词输入中土文化互动略论

…………………………………………………… 王海龙/140

略论英译《板桥家书》中儒道文化的对外传播

………………………………………… 高青龙　樊倩倩/158

彭祖文化与徐州汉风烹饪探源 …………………………… 王海峰/171

20世纪域外杜甫英译专著之文化语境、诠释立场及影响

江 岚

摘 要 1929年,杜甫英译文本的出现,打破了域外唐诗英译领域长期重李轻杜的状态。两位文学译家,艾斯柯夫人和昂德伍夫人,作出了开创性贡献。到50年代,美国华裔学者洪业立足中国传统诗学,以系统性的学术译介匡正了此前非母语译家们的种种偏误,为英语世界确立了杜甫"中国最伟大诗人"的形象。随后,杜甫与杜诗的文学译介与化用、学术翻译与研究相互取长补短,稳步发展。不同译家的不同诠释立场和角度,进一步丰富了杜甫诗歌的世界文学意义,成功地达成了双向的跨文化、跨语际文学交流效果。

关键词 杜甫研究;域外唐诗英译;中国古典诗歌海外传播

在域外唐诗英译的历史进程中,当西方世界开始尝试着从中国古典文学中去了解中华文化精神时,他们意识到中国古典诗歌是中国文学之经典,唐诗又是中国古典诗歌之冠冕。"李白和杜甫是唐代最伟大的两位诗人"一类的介绍性文字,在介绍中国文化或中国文学的著述中并不鲜见。但在唐

诗作品译介领域,重李轻杜的现象长期存在。完成了对中国文学史全景描绘的知名英国汉学家翟理斯(Herbert Allen Giles,1845—1935),即使肯定杜甫的诗名"直追伟大的李白",但他译出的杜甫作品总数也只是李白的二分之一。能够将李、杜二人并列于同等重要位置上的,是首开唐诗专门译介先河的威廉姆·弗莱彻(W.J.B.Fletcher,1879—1933)。

弗莱彻曾经是英国政府驻华领事馆的职官,任满后留在广州,任中山大学英语教授,后来逝世于广州。他的《英译唐诗选》(Gems of Chinese Verse,1919)和《英译唐诗选续集》(More Gems from Chinese Poetry,1925)这两本译著,是迄今所知最早的断代唐诗英译专书。两书都以弗莱彻"致敬李白和杜甫"的小诗开篇,编排体例统一:李白一卷,杜甫一卷,其他诗人合一卷。从译出作品的数量来看,杜诗总数还比李诗多二十余首,"应该是出于填补差距,想要西方读者多了解杜甫一点的理由,从他个人的角度,他对李、杜的喜爱和推崇并没有高低上下的差别"[①]。

1929年,杜甫英译专著出现,英语世界的杜甫与杜诗专门译介研究从此开启,也带来一个在域外唐诗英译的领域里十分罕见又十分有趣的现象:严格意义上的"第一部"杜甫英译专著难以确认,因为杜甫专门译介的"开创性文本"一出现就是两部,同年同月出版发行;更有意思的是,两位如此推崇杜甫的译者,都不是经院派汉学家,又都是女性。

一、艾斯珂夫人的杜甫译介

芙洛伦丝·艾斯珂(Florence Wheelock Ayscough,1878—1942),出生于上海,她的父亲是在上海经商的加拿大人,母亲是美国人。芙洛伦丝在上海渡过了大部分童年岁月,十一岁回美国波士顿接受学校教育。在美国求学期间,她经常回上海探望父母,继续学习汉语和中国历史文化。大学毕业

[①] 江岚:《唐诗西传史论:以唐诗在英美的传播为中心》,北京:学苑出版社,2013年,第137页。

后,芙洛伦丝返回上海,进入英国皇家亚洲学会北中国分会(Library of the North China Branch of the Royal Asiatic Society)工作,同时继续潜心学习汉语和中国古典诗歌。1897年,这个当时在上海洋行圈里有名的美才女嫁给了英国商人弗朗西斯·艾斯珂(Francis Ayscough,1859—1933),成为艾斯珂夫人。1917年,艾斯珂夫人携带大量中国书画艺术私人藏品返回美国布展。为了让观众既能欣赏到中国书画艺术品视觉的美感,又能理解书法内容的诗情,她将展品中的文字内容大致翻译成英文之后,请少女时代的好友艾米·洛厄尔(Amy Lowell,1874—1925)出手帮忙润色。而后者,此时已是美国现代诗坛上声名鹊起的诗人兼诗歌评论家。中国书画作品在美国的此次大规模公开展出,轰动了当时的文化界,出版商当场建议二人继续联手翻译更多的中国古典诗歌,催生了《松花笺:中国诗歌选译》(以下简称《松花笺》)①一书。

《松花笺》由艾斯珂夫人选诗、翻译并给出必要的注解,洛厄尔进行修改、润色。此书自出版之日起造成的巨大影响一直延续至今,堪为汉学家与名诗人合作向英语世界推介中国古典诗歌之经典案例。此书的长篇前言由艾斯珂夫人撰写,文中说明了她的三大选诗标准:其一,尽量避免典故;其二,尽量避免与此前他人的选译重复;其三,"从中国人的角度"选择。头两条很好理解,第三条的"从中国人的角度"是什么呢?

在艾斯珂夫人看来,此前西方译家选译中国古典诗歌,或出于译者个人喜好,或出于容易被目标读者接受的考量,都存在相当程度的偏颇。那些以英语文学"poetry"的概念简单套用于汉语"诗歌"范畴,把戏曲唱词或民间歌谣也选上的,又失于太宽泛。她所选的,是那些被历代中国人公认的"古典诗歌精华"。因此《松花笺》的内容以唐诗为主,在唐代众多诗人中,李白、杜甫、白居易是中国人公认的三大家。三人之中,关于白居易,已有英国知

---

① Florence Ayscough, Amy Lowell. *Fir-Flower Tablets*, *Poems Translated from the Chinese*, Boston and New York: Houghton Mifflin Company, 1921.

名东方学家、翻译家兼诗人亚瑟·韦利(Arthur David Waley,1889—1966)的专门译介珠玉在前,因而服从标准二,她只选入了一首白诗。在李、杜二人之间,尽管西方人一提到中国诗歌就会想到李太白,中国人却认为杜甫是一位"学者诗人"(poet of scholars),李白则只是一位"大众诗人"(people's poet)。在中国的社会阶层划分中,"学者",包括官吏,处于最受尊敬的上层。她坦承自己受中国老师楚能先生(音译,Mr.Nung Chu)影响,最为欣赏杜诗写景状物之绵丽,摹写现实生活之精确。书中还翻译、引用了不少元稹、韩愈、陈正敏、胡应麟等人对李白、杜甫的评价,让这些"渗透力(penetration)"足够惊人的诗论去帮助读者进一步认识李、杜二人在中国诗坛的地位。

仅从《松花笺》的内容来看,选译李白诗数量多达83首,高居全书其他诗人之冠,杜甫诗只有13首,表面上看与中国古典诗歌的同期译本似乎并没有什么不同。但艾斯珂夫人的这篇前言,是域外唐诗英译历史中,首次提及重李轻杜这个问题并予以公开驳斥的文字。而且,还有一个需要注意的问题是,《松花笺》之成书,先有出版社以市场营销为导向的策划,后有大诗人洛厄尔的强势参与,选诗数量不见得能充分体现艾斯珂夫人的个人意愿。

事实上,艾斯珂夫人后来在《中国诗人杜甫传》(*Tu Fu*, *The Autobiography of A Chinese Poet*)①的前言里提到过,最终确定《松花笺》的译文终稿之时,她和洛厄尔的意见有不少出入。所以,在楚能先生的帮助下,她参考清代杨伦的注本《杜诗镜铨》,独立完成了《中国诗人杜甫传》。此书以诗歌编年译本的体例,按照杜甫年谱顺序,译介了杜甫从童年到中年时期的一百多首作品,讲述杜甫在公元712—759年的相关经历。艾斯珂夫人自己认为,此书是英语世界第一部介绍杜甫及其作品的专著。她不知道的是,还有一位杰出的美国作家兼翻译家昂德伍夫人(Edna Worthley Under-

---

① Florence Ayscough. *Tu Fu*, *The Autobiography of a Chinese Poet*, London: Jonathan Cape;Boston & New York:Houghton Mifflin Company,1929.

wood，1873—1961），同时出版了一部译介杜甫的书。

二、昂德伍夫人的杜甫译介

昂德伍夫人原名Julia Edna Worthley，出生于美国缅因州一个世代书香家庭。她受过很好的教育，语言天赋极高，精通西班牙语、俄语、波西米亚语、克罗地亚语、波兰语、巴西语等语言。她阅读广泛，从十几岁起开始一边创作，一边尝试翻译其他语言的诗歌。因不大喜欢Julia这个名字，发表作品的时候直接把自己的中间名Edna放在前面。她早年的小说创作曾轰动一时。24岁那年，她嫁给了堪萨斯城里一个珠宝商人Earl Underwood。婚后不久，她随丈夫的工作变动移居纽约，此后一边跟着丈夫到世界各地出差，给他当翻译，同时进入了她自己创作和翻译的旺盛期，成为美国文学界和诗歌翻译界鼎鼎有名的"Edna Worthley Underwood"，昂德伍夫人。1930年代以后，她越来越专注于翻译，先后因为译介拉丁语诗人、墨西哥诗人和海地诗人获得过很高的荣誉。

昂德伍夫人并不懂中文，她也不是学者，她的中国印象和绝大多数西方人的中国印象都不同且十分奇特，其中只有一个如梦如幻又非梦非幻的"概念大唐诗国"：

"……（公元七世纪、八世纪）这一时期的中国、日本和韩国，在人类历史上独一无二，因为满满一国的人们都是艺术家。波斯、阿拉伯、中国、印度，成为美之制造业的魔术师。在这片盛产亚洲天才的土地的中心区，杜甫诞生了。他的时代至关重要，那是一个思想强大、情感丰富的精神动荡时代。八世纪初，也就是杜甫的时代，一名使者从土耳其、波斯来到了中国。来自土耳其的这一位提出了要为王子建造一座宫殿的建议，中方表示愿意合作并提供帮助。拥有魔力的中国工匠们被派去从事这项工作，他们的唐代艺术理想随后向其他国家散播，抵达了波斯，又触及了南亚。这种罕见的、奇妙的、以艺术美感统治东方的现象，就像曾经的希腊以同等的视野、美、辩才和足够的技术力量统治西方一样。老唐宋画家们看见了那些未经教化、却饱含逐梦理想的异族眼睛,他们放弃了去标注自己的作品——'唐国大师(Tang masters)'。(我这样说),也许找不到一个实证例子,但(他们的)力量和灵感已经这样散播出去是实实在在的,而且经久不衰。后人以整齐划一的节奏追随着他们:色彩丰富,造型巧妙,构图一致。"①

从现有的资料来看,昂德伍夫人之所以起意去译介唐诗,并专门译介杜甫,极可能是因为1919年前后她译介日本诗歌时接触到的一位日本诗人。当她结识了朱其璜(Chi-Hwang Chu),一位当时尚在读书的教育专业研究生时,便有了解决语言障碍的助力,这个想法很快成为现实。1928年,昂德伍夫人和朱其璜合译出"The Book of Seven Songs by Tu Fu",即杜甫的组诗《乾元中寓居同谷县作歌七首》。次年,两人合译的《杜甫:神州月下的行吟诗人》(*Tu Fu: Wanderer and Minstrel under Moons of Cathay*)②被隆重推出,不仅有普通版,有两个附带的小册子,即杜甫的《同谷七歌》和《三大中国名篇》(Three Chinese Masterpieces)③,还有50册精装签名的限量收藏版。这个收藏版全部用日本精制仿皮纸印制,封面用中国丝绸和浮金花织锦缎,堪称豪华。可惜这个号称译介杜诗300余首的文本,内容杂乱,错漏之处较多。有些是同一首诗被重复翻译,以不同题目置于书中的不同位置且无说明;有的是截取不同篇章中的诗句拼凑而成;有的夹杂了大量昂德伍夫人自己的诗句;还有的根本不是杜诗原文的翻译,而是俞第德《白玉诗书》的转译。看来除了字词解释之外,朱其璜给这个译本的贡献很有限。

中国文学素养深厚的行家们对这样的译本自然不屑一顾,华裔史学大家洪业(William Hung,1893—1980)先生曾评价说,《杜甫:神州月下的行

---

① Edna Worthley Underwood, Chi-Hwang Chu. *Tu Fu: Wanderer and Minstrel under Moons of Cathay*, Portland, Maine: Mosher Press, 1929. *xxii*.
② Edna Worthley Underwood, Chi-Hwang Chu. *Tu Fu: Wanderer and Minstrel under Moons of Cathay*, Portland, Maine: Mosher Press, 1929.
③ 这种随书附赠的小册子没有专门记录,内容尚待查考。

吟诗人》完全没有任何编排原则，乏善可陈。就连同样不大懂中文、以转译称雄汉诗英译界的前辈克莱默-班（Launcelot Alfred Cranmer-Byng，1872—1945）也在充分肯定昂德伍夫人"扫除西方偏见灰尘"的努力之后，认为这个译本展示的只是"昂德伍夫人亲切和蔼的个性，杜甫则远远站在画面的背景中"[①]。除了译诗之外，克莱默-班也大力肯定昂德伍夫人为此书撰写的序言。这篇序言长达 30 多页，用散文诗的语言介绍杜甫生平和宋、元以来中国诗学界对杜甫的认识和评价，站在中西文化比较和世界文学的高度上描述杜甫及其作品，的确值得一读。序言之前，昂德伍夫人特地将《杜甫：神州月下的行吟诗人》标注为自己译出的第一本杜甫诗集，且称此书是"世界上第一本在中国之外出版的杜甫作品，大概也是第一本中国诗人的个人诗集"。这个自我定位显然过高了，《杜甫：神州月下的行吟诗人》肯定不是中国本土以外"第一本中国诗人的个人诗集"。至于"第一本域外英译杜甫诗集"的地位，也要和艾斯珂夫人的《中国诗人杜甫传》并列了。当然，即便如此，昂德伍夫人也依然是域外英译杜甫的先驱人物之一，这一点毋庸置疑。

三、英语世界的杜甫系统译介

第二次世界大战期间及战后的数十年间，杜诗专门译介的成果堪为域外唐诗译介领域最醒目的重大进展之一。这个过程中，艾斯珂夫人的贡献要比昂德伍夫人大得多。1934 年，她又出版了《一位中国诗人的游踪：江湖客杜甫》（*Travels of a Chinese Poet：Tu Fu, Guest of Rivers and Lakes*）[②]，译出了三百多首杜甫诗歌，主要涵盖公元 759—770 年间杜甫老年和生病时期的创作，最后以杜甫生前的绝笔诗《风疾舟中伏枕抒怀三十六

---

① L.Cranmer-Byng. A Garden of Bright Ghosts, in *The Poetry Review*, Nov.-Dec., 1929, pp.409-418.

② Florence Ayscough. *Travels of a Chinese Poet：Tu Fu, Guest of Rivers and Lakes*, London：Jonathan Cape；Boston & New York：Houghton Mifflin Company, 1934.

韵 奉呈湖南亲友》收尾。两卷本加起来,艾斯珂夫人不仅译出了大量的杜甫作品,选译和编排方式也突出了杜诗的"诗史"特质。至此,艾斯珂夫人成为英语世界系统译介杜甫的第一人。克莱默-班高度称赞她的译介,认为她的译介比此前几乎所有的杜诗译介都更能体现真正的杜甫:

"其他人,包括这篇评论的作者,试图把杜甫描绘成我们想象中的他,让他重新骑上他的马,或者呈现他扬帆漂流到他梦想之都(的样子)。但艾斯珂夫人比其他人更聪明,比她的天才同事艾米·洛厄尔更聪明,比安德伍德夫人更聪明,比脱不了牛津学究气的阿瑟·韦利先生更聪明。'当我们想象我们在描绘别人时',正如 Emile Hovelaque① 所指出的,'我们画的是我们自己的肖像'。而翻译,尤其是中文的翻译,在很大程度上是一种想象和替代的努力……通过自我牺牲的行为,通过压制她的文学自我,艾斯珂夫人在翻译艺术上完成了一场革命。"②

和昂德伍夫人相比,艾斯珂夫人对中华文化的认同感深入得多。她终身致力于向英语世界揭示中华风物真实的、在西方想象之外的广阔和丰饶。她还出版了《中国镜子:表象背后》(*Chinese Mirror: Being Reflections of the Reality Behind Appearance*,1925)、《关于远东的好书:中国历史概要》(*Friendly Books on Far Cathay: A Synopsis of Chinese History*,1929)和《鞭炮的国度:年轻读者的中国世界图说》(*Firecracker Land: Pictures of the Chinese World for Young Readers*,1932)等书籍。这些书因图文并茂、故事性强、语言通俗易懂,深为年轻一代读者所喜爱,进入了美国中小学的学生阅读推介书单。这个发行渠道优势让很多译家望尘莫及。所以,尽管汉学界的专家们对她翻译杜甫诗歌的质量褒贬不一,她的《杜甫传》两卷本依然和她的其他书籍一起,成为美国中小学生了解中华历史文化与社会风

---

① Emile Lucien Hovelaque(1865—1936),法国作家、东方学家。
② L.Cranmer-Byng. A Garden of Bright Ghosts, in *The Poetry Review*, Nov.-Dec., 1929, pp.409-418.

俗民情的常用读本。

　　历史上从事唐诗英译的域外译家们很多,若将他们以专业背景大略分组,则经院派学者译家们是一组,文学界译家们是另一组。通常情况下,当文学界译家们对某位中国诗人的译介引起了公众关注,学者译家们便会继之以更"接近原文"的翻译,试图匡正、补充前者文本的缺失。李白、白居易、寒山、王维等诗人专门译介的发展,都存在类似轨迹,到了杜甫也一样。

　　1952 年,华裔学者洪业的《杜甫:中国最伟大的诗人》(*Tu Fu: China's Greatest Poet*)由哈佛大学出版社出版①。这本书按杜甫年谱编排,译介了杜诗 374 首,体例和艾斯珂夫人的两卷本类似。为了更准确地传达杜甫的思想和精神,译文中原有大量注释,虑及大众读者和学术界读者不同的阅读需要,这些注释被作为姐妹篇单独成书,《杜甫:中国最伟大的诗人参校副本》(*A Supplementary Volume of Notes for Tu Fu: China's Greatest Poet*),也于同一年由哈佛大学出版社出版。洪业一生的学术成果大多散逸,这两本书是他仅存的专著。书中,洪业不仅系统译介了大量杜甫作品,还对选译过同一首杜诗的其他译者和译本情况做了专门的评点、说明。洪业在英美的杜甫和杜诗研究领域享有很高的声誉,是英语世界一流的杜甫评传作家和评论家。

　　洪业,字鹿芩,号煨莲,福建侯官人,以编纂引得(index)知名,治学严谨细密,享誉历史学界。其生平可参考陈毓贤所作洪业访谈回忆录《洪业传》②。洪业于 1923 年起任教于司徒雷登创办的燕京大学,1930 年领衔筹办哈佛燕京学社(Harvard Yenching Institute)"引得编纂处",其间主持编

---

① William Hung. *Tu Fu: China's Greatest Poet*(*with Notes*), Cambridge, Massachusetts: Harvard University Press,1952.中文版《杜甫:中国最伟大的诗人》由曾祥波译出,有删略,上海古籍出版社 2011 年出版。

② 陈毓贤:《洪业传》,商务印书馆,2013 年。原著为英文,1987 年由哈佛大学出版社出版,1993 年台湾联经出版社再版。中文简体字译本先后有 1995 北京大学出版社版、2011 年上海古籍出版社版本,俱有删略。商务印书馆 2013 年版为完整译本。

中外文化的交流与互动

纂了 64 种、81 册的中国古典文献引得,并曾亲自为《白虎通引得》《仪礼引得》《春秋经传引得》《杜诗引得》等作序,其中《〈杜诗引得〉序》篇幅最长,内容与考据最为翔实。文中梳理了大量杜诗学的传统文献资料,将有关杜集的许多伪作、辗转因袭的版本讹误及权威评述一一列举说明,使杜甫生平行迹与杜诗集的面貌更为清晰,赋予了《杜工部诗集》文献学的价值。

洪业曾在 1962 年发表《我怎样写杜甫》一文①。文中追叙他从事杜诗研究的动机,提及他自幼得家学陶养,及至年长,"对于杜诗的了解欣赏,我自觉有猛进的成绩"。且生逢国家多难之时,"杜甫的诗句就有好些都是代替我说出我要说的话"。日本侵华期间,洪业及多位名教授因反日被捕下狱,洪业曾在狱中立誓,一旦重获自由必加倍努力研究杜甫。洪业战后赴美讲学,适逢意象派诗人们掀起的"东方文化热"余响犹在,而杜诗却长期遭英美译家冷遇甚至曲解。这种现象终于促使洪业决心在讲学之余,更为系统地译介杜甫。

《杜甫:中国最伟大的诗人》叙事、翻译兼备,洪业以其独到的史学眼光考据杜诗系年,精益求精,很多驳正旧说的观点也为本土的传统杜甫诗学研究提供了新参考。他的杜诗评析,将杜甫的创作置于其生平行迹的脉络中,勾勒语言背后的深层隐喻。以《咏怀古迹》(群山万壑赴荆门)一诗为例:

"明妃的故事是绘画、戏剧和音乐中(被广泛引用)的题材。杜甫为什么要写这样一首诗?他是否想到了明妃不肯屈服于卑劣行为的举动?是否想到明妃最终离乡背井,和许多因忠诚正直而被朝廷贬谪放逐的朝臣很相似——其中包括他自己?"②

这一番说明,不仅提供了"王昭君(明妃)"这个典故本身蕴含的深意,也

---

① 此文首发于《南洋商报》1962 年元旦特刊;转载于香港《人生》第二十四卷八、九期,1962 年 9 月 1 日、16 日;台北《中华杂志》第六卷十一期,1968 年。

② William Hung. *Tu Fu: China's Greatest Poet (with Notes)*, Cambridge, Massachusetts: Harvard University Press, 1952, p.218.

提供了通过典故对杜甫内心世界的推测。也就是说,洪业为英语读者展示了一个母语读者进入中国古典诗歌途径的观念与方法,纠正了长期以来域外译家们有意回避典故的弊端。同时,洪业重点突出杜诗因时因事而作、批判褒贬的现实主义诗史精神,刻画杜甫悲天悯人、民胞物与的情怀,也为西方此时已经成形的、一味"空灵超脱""清新淡雅"的片面中国诗印象,提供了一个用意深刻的对照文本。

洪业立足于中国诗学传统,去辨析、重构杜甫作为"中国最伟大诗人"的人品与文化性格,和艾斯珂夫人的译介方向有相当程度的类似。但他作为学贯中西的母语译家,对原文词汇的理解、对典故的把握、对文化渊源的体认,远非西方的非母语译家们所能比。他与杜诗的形神合一,和艾斯柯夫人单纯的崇敬又不一样,他对杜诗意蕴的揣摩更能体贴入微。比如"国破山河在,城春草木深",译为"The state is destroyed, but the country remains./In the city in spring, grass and weeds grow everywhere";"朱门酒肉臭,路有冻死骨",译为:"Behind the red lacquered gates, wine is left to sour, meat to rot./Outside the gates lie the bones of the frozen and the starved."其中加点的词汇各有增删与补出,都不是原文的严格对应,却自然醇厚,更接近杜甫的创作场景及其志节与寄托,和非母语译家们习惯于撷取词语"意象"自行铺衍完全不同。诚如书写洪业传记的作家陈毓贤所言:

"洪业英译时把杜甫省略的代词和连接词都补上了,又解释了诗里的典故或没有言明的内涵。这样一来,固然牺牲了原诗的韵味,却把意思说明白了。……许多中国古名称,译成现代英文反而更清楚,譬如黄粱是小米,蕃部落是藏人,交河是今天地图上的吐鲁番,司功参军是管一州教育的。各种植物和官职,我看了英译才恍然大悟。"[①]

陈毓贤(Susan Chan Egan)是菲律宾华侨,自小接受中英文双语教育。

---

① 陈毓贤:《洪业怎样写杜甫》,载《东方早报》(读书版),2013年8月12日。

自台湾师范大学国文系获学士学位,后来在美国华盛顿大学获比较文学硕士学位,是一位经过世界文学的专业训练、却没有很深中国古典文学知识积淀的特殊读者。她在感觉洪业译诗"牺牲了原诗的韵味"之余,又有诸多的"恍然大悟",很能代表读者们的普遍感受。洪业译介的读者预设最初肯定是所有西方民众,但他毕竟首先是一位历史学家,《杜甫:中国最伟大的诗人》内容之厚重,决定了主要受众在知识精英阶层。关于译诗,洪业也明白自己的散文化处理缺乏诗意,未能尽善①,不过他的大多数读者并不那么介意书中的杜诗到底有几分像"英文诗",他们只在其中印证杜诗存在的整体价值,尤其是杜陵精神与现代的对话意义:

"据说诗人的生活通常由三个'W'组成:酒(wine)、女人(women)和文字(words)。其他诗人可能如此,但杜甫不是。杜甫的三个'W'是忧患(worry)、酒(wine)和文字(words)。尽管他深深欣赏世间之美,其中也包括女性美,但从无证据表明他和女性的关系超乎社会规范的一般界限。……他为人一贯实诚可敬,无论在个人生活还是在公共生活中都如此。"②

当洪业的《杜甫:中国最伟大的诗人》于2014年再版时,半个世纪已过去,这期间杜诗域外英译发展迅速,洪业的著述是当之无愧的最重要的参考书。他为世界文坛所确立的杜甫作为"中国最伟大的诗人"的形象,堪与莎士比亚、但丁比肩,几乎无人能质疑。"洪业的杜诗学体现了他朴实学术的风貌,既有考证、编年等维系传统的一面,也有文献化及英译等向外开展的一面,他是将'真杜'介绍给西方的第一人,让杜甫成为世界的杜甫,洪业与

---

① 洪业:《杜甫:中国最伟大的诗人》(附录三《再说杜甫》),上海:上海古籍出版社,2011,第384—386页。

② William Hung.*Tu Fu:China's Greatest Poet(with Notes)*,Cambridge,Massachusetts:Harvard University Press,1952,p.271.

时代对话的精神和实质发生于海外的影响,正是杜诗学史上一页崭新的篇章。"①《杜甫:中国最伟大的诗人》再版之际,洪业虽已作古,此书却得到更多重视,先后被不少美国资深传记作家、书评人大力推荐过。Richard Clair认为,这本"不算容易读也不便宜"的书最可贵之处在于清晰展现了杜甫的创作意图和"自然性世界观(naturalness of worldview)";Derando Glen称赞洪业对杜甫生平的勾勒、描画让此前此后如"孤立珠宝(isolated jewels)"一般,其他版本的英译杜诗有了厚实的依托,更容易被年轻一代读者所理解。两位书评家也都建议读者不妨参看其他文学译家,比如大卫·辛顿(David Hinton,1954—)的译本,以便更完整地了解杜诗风格,因为辛顿等人的译法"更接近于诗歌"。实际上《杜甫传》在英语世界的不少高校里被用作世界文学、比较文学、东方学、历史学、世界民俗学、历史社会学等人文学科的阅读材料,杜诗的内容加上洪业散文诗式的译语周到细致,叙议沉着,也很受青年学生欢迎。英国牛津大学出版社出版的《世界名人名言必读》(*Oxford Essential Quotations*,2017)一书中收入杜甫诗句"束带发狂欲大叫,簿书何急来相仍(I am about to scream madly in the office./Especially when they bring more papers to pile high on my desk.)"采用的就是洪业译本。如今这一行文字有各种各样的花式设计,供人们在自媒体空间里引用。

当然,洪业自身与杜甫同气相求的个人情感因素,使得《杜甫:中国最伟大的诗人》中难免存在武断或过度引申之处,"失去了一份作传人应与传主间保持的距离,汉学家一向认为这是《杜甫:中国最伟大的诗人》的瑕疵"②。但从厘清英美汉学界和文学界对杜诗乃至于唐诗的理解偏误、弥补他们的想象缺失和认识断裂这个角度来讲,洪业的杜甫译介具有为唐代诗坛在异

---

① 徐国能:《洪业杜诗学特色与时代意义》,载《中国学术年刊》第41期(春季号),2019年3月,第51—84页。
② 陈毓贤:《洪业怎样写杜甫》,载《东方早报》(读书版),2013年8月12日。

邦重树典范、恢宏气韵的重要意义。

四、20世纪后期的域外杜甫英译专著

1967年,英国汉学家霍克思(David Hawkes,1923—2009)完成了一个和过去几乎所有的英译汉诗文本都大不一样的杜诗译介专著——《杜诗初阶》①,由牛津大学出版社推出。霍克思更关注诗歌作品,而不是诗人的生平,他虽然只译出了35首杜诗,但在每一首原文下标注了汉语拼音,给出单一字词对应的英文单词,然后每一句诗逐行译,从创作背景、题目和主题展开赏析,还有格律形式的专门介绍,最后给出一个散文化的译文,作为读者完整理解这首诗的参照。从分层解读到分类呈现,霍克思为了最大限度减少语言转换对原文的损害,让读者更准确地理解诗歌原意,可谓用心良苦。《杜诗初阶》因此获得有名的经典大部头文学选集——《诺顿世界文学名著选》(*The Norton Anthology of World Masterpieces*,1997)的特别推荐,成为高等院校研学杜甫的经典文本。在后来的很长一段时间里,学术界的杜甫译介文本的影响力,很难超越《杜诗初阶》和洪业的《杜甫:中国最伟大的诗人》,包括1971年,"TWAYNE世界作家"系列丛书推出的澳大利亚汉学家Albert Richard Davis(1924—1983)的《杜甫》②。该书全面介绍杜甫的生平、经历和作品,算得上汉学界杜甫研究的又一力作,但发行量很有限。

汉诗的域外英译发轫以来,文学界译家们一直是一支主力军,也是将英译汉诗推向世界文坛经典化的生力军。到20世纪80年代,这支队伍的汉语言文化素养大大提高了。美国知名的反战主义者、翻译家、出版家兼诗人山姆·哈米尔(Sam Hamill,1943—2018)也非常崇拜杜甫"独立、完善的人格",推举杜诗的"深刻寓意"。他在1988年出版的杜诗专门译本,用杜甫的

---

① David Hawkes.*A Little Primer of Tu Fu*,Oxford University Press,1967.
② A.R.Davis.*Tu Fu*,New York :Twayne Publishers,1971.

五律《对雪》作为书名,题为《对雪:杜甫的视野》①,译出了101首杜甫诗歌,还附有原文的书法插图。他后来编译的《午夜之笛:中国爱情诗选》(*Midnight Flute：Chinese Poems of Love and Longing*)、《禅诗选》(*The Poetry of Zen*)两本译诗集里也都包含杜甫的作品。

哈米尔师从美国20世纪文坛上以特立独行知名的诗人、翻译家王红公(Kenneth Rexroth,1905—1982),自50年代后期开始接触到英译汉诗,对英美译家们的成果很熟悉。和这些前辈们一样,他的汉诗翻译也主张保证原诗"精义"的存续,不能受外在形式的机械捆绑。不过他对中国诗歌"精义"的认识包括了语意、风格和音乐性三方面的有机结合,而非单一地强调字词、韵脚或节奏对应,比他的前辈们更全面。哈米尔精通古汉语,十分重视读懂原文,并强调充分了解汉语文化语境对翻译的决定性作用。他认为完全不懂中文或中文水平未达到一定程度的译家,实际上无法真正把握原诗"精义",即便连他的老师王红公也不能例外。其实,除了在技术层面的处理方法不同之外,哈米尔的译介动机与王红公也不一样。他是禅宗的忠实追随者,积极投入禅修,研究中国禅宗公案,向往山水间中国士人的隐逸生活方式。译介中国古典诗歌,是他深入体味中国文士文化的一种途径,也是他描绘"禅悦"境界的载体,因此,他特别偏重山水田园题材。在翻译实践中,尽管他重视读懂原文,也并非读不懂,但他的英文译本却大多存在对原文明显的删减和修改:强化诗句中的自然物象,突出寂静安然的自然氛围,弱化甚至于湮灭其中"人"的自我存在,渲染坐禅之际"天人合一"的效果,称赞禅修之余"清淡如水"的君子之交。也就是说,他那些简约优美、大受读者欢迎的译文所再现的原诗"精义",并不完全是细读文本"把握"住的,而有相当成分由他在"预设"的禅意境界中营造出来。

---

① Sam Hamill.*Facing the Snow：Visions of Tu Fu*,White Pine Press,1988.

1988年,新一代汉诗英译文坛名家大卫·辛顿的《杜甫诗选》[①]选译了180多首杜诗。出版社称"本版《杜甫诗选》是目前唯一的英文版该诗人作品选集",这显然与事实不符,不过,译介杜甫是辛顿进入唐诗世界的开端。他的翻译理念和哈米尔有很多共同之处。在实践中,他认为翻译是以"谦虚的态度"完全沉浸在原作者构筑的文字世界里,"学习用英文再现他们的声音",必须了解原作产生的文化精神土壤。他的翻译一方面继承陶友白(Burton Watson,1925—2017)以降当代英语诗歌浅白、平易的语言风格,努力凸显原作蕴含的文化神韵,另一方面着重营造杜甫达观知命的形象。他将《梅雨》(Plum Rains)中的"竟日蛟龙喜,盘涡与岸回"译作"All day long, dragons delight:swells coil/and surge into banks, then startle back out";《进艇》(Out in the Boat)中的"昼引老妻乘小艇,晴看稚子浴清江"译作"Today, my wife and I climb into a little river-boat. Drifting,/skies clear, we watch our kids play in such crystalline water"的确非常形象生动,行文简洁而富于感染力。评家因此普遍认为他的译文"用当代英语而不是洋泾浜英语努力再现古汉语的凝练,如古典诗词一样,言近旨远,耐人寻味。……揭开了中国古典诗词翻译的新篇章"[②]。

但正如辛顿在此书前言中的表述:"我尽可能忠实于杜甫诗的内容,但我无意去模拟原诗的形式或语言特点,因为模拟会导致彻底的误译。古诗词语言的本体性架构与当代英语诗歌差别甚大,甚至每一个单一特点在这两种诗歌体系中都往往有着不同的含义。我的翻译目的就是在英语中再造与原文的互惠架构。因此,对于杜甫诗的种种不确定性,我努力让它们以一系列新样式去再现,而不是去消解不确定性。就好像杜甫是当今的英语诗

---

① David Hinton. *The Selected Poems of Tu Fu*, New Directions Publishing, 1988.
② E. Weinberger. *The New Directions: Anthology of Classical Chinese Poetry*. New York: New Directions Publishing Corporation, 2003: xxv.

人,在用当今的英语写诗。"①

所谓"不确定性",指的是汉语动词无词根变化,加上诗歌字词极其精炼所带来的言不尽意、意在言外的非写实性特征,给读者带来了多重诠释的可能。辛顿很重视自己作为译者的主体性,他所采用的"一系列"当代英文诗歌"新样式","与杜甫生活的盛唐时期的诗歌语言手段几乎没有共同之处",只是用当代英文的句法与词法、英文诗歌的诗行发展逻辑,描摹杜甫的诗意诗境。换言之,这个译本呈现的杜诗,充满关注现时现事的"深刻当代性"品格,符合辛顿的个人阅读感悟,同时满足了这一时期美国民众对"中国最伟大诗人"杜甫的审美期待:向往和平宁静的生活,热爱自然以及自然界的一切,用质感鲜活的"及物"创作,直面世间坎坷,体贴平民苦难,抚摸草根命运。

与此同时,汉学界的杜甫研究也稳步行进。1992年,夏威夷大学出版社推出该校汉学家David R. McCraw的译本《杜甫的南方悲歌》②,译出杜诗115首。McCraw的翻译处理过分依赖早期汉学界的中国古典诗歌评论,带着浓重的学究气。虽然他预设的读者群是英语世界的普通大众,但此书中关于汉语言和汉语诗歌的一些介绍性文字并没有多少新意,文本中的引文、注释也繁杂,译诗语言又把原诗中的汉语典故和欧洲文学传统中的典故搅在了一起。比如将"白夜月休弦"译为"Blanche nuit-lune, recline your bow"之类,不仅完全没有必要,还有自我炫技的嫌疑,显得僵硬而缺乏诗意。因此,学术界、文学界以及普通读者,对这个译本的兴趣都不大。

1995年,美国汉学界又出了一本杜甫研究专著,即华裔学者周杉(Eva Shan Chou)的《重议杜甫:文学泰斗与文化语境》③。周杉在序言中言明,她

---

① David Hinton. *The Selected Poems of Tu Fu*, New Directions Publishing, 1988. xv.
② David R. McCraw. *Du Fu's Laments from the South*, University of Hawaii Press, 1992.
③ Eva Shan Chou. *Reconsidering Tu Fu: Literary Greatness and Cultural Context*. Cambridge: Cambridge University Press, 1995.

的译介目的是回归中国传统的杜诗学视角,面向"认真学习中国古典诗歌的西方学生(serious Western students of old Chinese poetry),提高他们对杜甫作品的理解,避免'新西方诠释的幼稚(naiveté of a fresh Western approach)"。周杉首先回顾了唐、宋时期对杜甫评价的演变,认为杜甫之成名很大程度上出于人们钦敬他的儒家传统道德风范,"实际上超出了文学批评的正常范围。因此,现代批评以客观语气去评价他的倾向,往往失于过度客观"①。周杉主张关注"更纯粹"的文学问题来纠正这种失衡,将杜诗研究的重点从杜甫生平经历转移到诗歌文本,这和洪业论杜诗的立场完全不同。她随即引入一些新的文学批评概念,从杜甫的政治观点、社会良知和杜甫"真诚"的本性,展开各种文学问题的讨论,构成此书的核心部分。她所提出的一些观点,诸如杜诗内容的"社会话题性","现实主义"与"程式化现实主义"如何先相互冲突、后归于融合并影响杜甫的后期创作,以及杜甫如何通过混用不同层级的语言模糊民歌与古体诗之间的界限,都比较引人注目。针对宇文所安(Stephen Owen)在《盛唐诗》杜甫专章中所论及的杜诗中独特的"风格转换"——即主题、情绪和措辞的突然转变,使杜甫诗句能够在很小的篇幅之内链接不同的情绪和观点——周杉选择称之为"并列",且置于诗体结构框架下去讨论。周杉的批评性再思考,注重文本而非理论教条,颇具原创性与洞察力,为英语世界深入探讨杜诗的美学特征、杜甫的文化形象和文学成就,助益良多。

五、结语

综观20世纪的域外杜甫英译与研究,这些译著与研究不仅驳正了此前西方世界对杜甫其人其诗的误读与谬解,确立了杜甫是"中国最伟大诗人"的世界文学地位,而且也丰富了中国本土杜诗学研究的谱系和维度。此后

---

① Eva Shan Chou. *Reconsidering Tu Fu: Literary Greatness and Cultural Context*. Cambridge:Cambridge University Press,1995.

英语世界里关注杜甫的译家渐多,文学翻译与学术翻译并行,当然首先是被杜诗经久不衰的魅力所吸引,更是被"万里悲秋常作客,百年多病独登台"的老杜甫所感动。在域外唐诗英译发展的历程中,对李白其人其诗的推崇从发轫之时一直绵延到美国新诗运动的黄金期,和当时的译家群体主要集中在上层社会是有直接关系的。第二次世界大战以后,英美世界的文化思潮和价值观念发生了很大的转变,杜陵精神从灵魂层面触动了人们心底悲天悯人的情怀和社会责任担当的意识,新崛起的一代学者、译家所携带的欧洲贵族文化传统基因日渐淡薄。杜甫置身于俗世红尘中,以切入时代现实的真实叙事加大诗歌文本情感容量的创作方法,促使诗人们竞相仿效,也是对新诗运动以来,一味讲究词、句"意象"并置,追求"空灵超逸"诗风的一种纠偏现象。

  前文提及的美国当代诗人王红公,自 19 岁经陶友白介绍得识杜诗,很崇拜杜甫用生命与创作实践所彰显的、儒家正统的人本主义基本精神和"富贵不能淫,贫贱不能移,威武不能屈"的道德风范。王红公生平虽然只译过 36 首杜诗[①],却对杜诗在英语文坛的流传产生了不小的影响。因为他认为诗歌创作就应该表现个人生命体验,歌颂大自然和新生事物,关注底层民生疾苦,抨击腐朽传统和社会罪恶,曾数次在公开场合承认最欣赏的诗人是杜甫,极大地推动了世界文坛上杜甫文化形象的建构。

  不过也正因为以杜甫为师进行自己的诗歌创作,王红公的翻译实践延续了新诗运动的"仿汉风"方式,有比较明显的"征用性"特征。他首先在诗歌选目中刻意回避杜诗里忠君忧国的主题,其次在诗句处理中略去典故或隐喻,只突出词语本身构成的"意象"。比如,他将杜甫《初月》的颈联"河汉不改色,关山空自寒"译为"The Milky Way shines unchanging,/Over the

---

① 王红公也是汉诗文学翻译的名家。他所译出的杜诗,其中 35 首见于 1956 年出版的《汉诗百首》(*One Hundred Poems from the Chinese*)一书中,还有 1 首收在 1970 年出版的《爱与流年:汉诗又百首》(*Love and the Turning Year：One Hundred More Poems from the Chinese*)一书中。

freezing mountains of the border."杜诗原文中之"不改色",有暗喻自己气节不变的意思,译作"一直闪耀不变(shines unchanging)",就只有"银河(The Milky Way)"的客观意象了。接着"关山空自寒"被颠倒了词序,成为"边境上的寒山",与原诗的语义差距更大。哈米尔曾提到,他的老师王红公汉语水平之有限,无法做到精准把握原诗内涵。王红公的杜诗译介因此在"质"与"量"两方面都不如辛顿,也不如陶友白。

从域外汉诗文学译家们代际更迭的关系上看,陶友白上承庞德、韦利,下启辛顿、哈米尔,是美国当代文学译坛上一代领军人物。他遵循庞德、韦利的翻译理念,摈弃维多利亚英语诗风,应用当代英语诗歌的诗学理念和审美标准,追求译诗文本通俗、浅白,易于被大众读者接受:"我所有翻译活动的目的在于,尽可能使用易于理解的方式让英语读者阅读亚洲文明的思想与文学著作,因此我对那些故意使读者与译文产生距离的翻译方法丝毫不感兴趣。"[①]同时,他强调翻译对原诗的内容忠实度,尤其强调优先考虑"自然意象"的精准、清晰传递,因为"自《诗经》开始,自然意象就一直在中国文学中举足轻重"[②],也是最具有异质文学特性、最能打动西方读者之所在。在诗歌语言转换的技术层面,他比辛顿更在意适度保留中国故事的韵律、诗节,不轻易更动词序,也不拘泥于生硬对应。2002年,他出版《杜甫诗选》(*The Selected Poems of Du Fu*),译出杜甫诗歌127首,附有诗中所涉典故、历史背景、神话传说的大量注释,是一个带有大学入门教材或读本性质的译本。选目中也包括《初月》,颈联译为:"Stars of the River of Heaven keep their hue unchanged, / barrier mountains, untouched, cold as before."与王红公译本相比,陶友白用"保持色彩不变(keep their hue unchanged)"

---

① Burton Watson. The Pleasures of Translating, Lecture given May 1, 2001 as the Donald Keene Center's Soshitsu Sen XV Distinguished Lecture on Japanese Culture.

② Burton Watson. *Chinese Lyricism: Shih Poetry from the Second to the Twelfth Century*. New York: Columbia University Press, 1971. p.122.

对应"不改色";用"屏障的峰峦(barrier mountains)"对应"关山";加上"一成不变,像以前一样冷(untouched, cold as before)",与"空自寒"的语义和语气都很接近了。陶友白译本因此被认为兼具学术翻译与文学翻译之所长,有效填补了二者之间的裂隙,多次被《诺顿世界文学选集》之类经典大部头高校教科书收录。

2008年,美国诗人、翻译家大卫·杨出版了《杜甫:诗里人生》(*Du Fu: A life in Poetry*),这是当代美国文坛译介杜甫的又一力作。该译本根据杜甫年谱分十一章,每章都简要介绍了当时杜甫的生活状态和所在地的社会、地理情况,试图纵向呈现杜甫诗艺的成长历程。大卫·杨译出杜诗168首,突出其内容贴近平民生活的亲和力,强化杜甫撷取日常生活素材进行诗意转换对于当代诗歌创作的借鉴作用,营造出一个"经历过政治理想幻灭、社会动荡与个人情感纷扰"而不断自我调适,始终坚持创作并在诗歌的世界里求得自足圆满的杜甫形象。这个杜甫在办公室里被俗务缠身,"每愁夜来自足蝎,况乃秋后转多蝇。束带发狂欲大叫,簿书何急来相仍(at night I lie awake/and worry about the scorpions./and now the flies are getting worse,/as summer moves toward autumn./ wearing the robes and belts of office,/I sit at work and want to scream./and my subordinates,/just pile up more paperwork.)";这个杜甫生活在一个充满不确定感的动荡时代,长期贫困潦倒,却从未泯灭对妻儿、亲朋的深挚情感和责任心,不缺少对邻里的关切,更不缺少对下层百姓的同情。他的诗歌,通过情绪渗透和理性认知叙述生活、描绘生活,将创作当作了生命的栖居方式,终生持守心灵与诗意世界的联系,哪怕没人能听懂他的心声:"即事非今亦非古,长歌激越梢林莽(I sing what comes to me/ in ways both old and modern./my only audience right now—/nearby bushes and trees.)"……这样的杜甫从遥远的唐代走来,与当下充满中年危机感的美国中产阶级互为镜像,现实与梦想、爱与被爱、伤痛与浪漫、怀旧与失落、自伤与自守、孤独与喜乐……都在凡俗生命旋律"沉郁顿挫"的回旋里。与辛顿、陶友白相比,大卫·杨的《杜甫:诗里人生》所呈现的杜甫更富于"烟火气",被认为是引领当代普通读者进入杜诗世界最成功的一个译本。

世界文坛和汉学界对杜甫的推崇持续到今天,终于抵达宇文所安集大成的六卷本《杜甫诗全集》(*The Poetry of Du Fu*),在杜诗的文本基础上,深入探讨杜诗的美学特征、杜甫的文化形象和文学成就。这说明无论文化和价值观有多么大的差异,又如何不断随着时代变迁而变化,真正伟大的作家从来都不只代表他们自己或者他们所属的那个时代、那个民族,而是总能够用他们真诚的诗性的声音,让世界发现他们的个体情感与思想中的普世意义。2020 年 4 月,长达一小时的电视纪录片《杜甫:中国最伟大的诗人》(*Tu Fu , China's Greatest Poet*)由英国 BBC 电视台制作完成并播出,令世界文化界瞩目,也是唐诗向西方传播百年历程中的里程碑式事件。当代知名历史纪录片编剧 Michael Wood 依据洪业《杜甫:中国最伟大的诗人》的内容,编写出了同名剧本,把杜甫放在历史视野和比较文化的语境中展开讲述,标志着域外唐诗的译介已经由书本、音乐等传统的传播媒介,走向了英语世界的主流大众媒体,迈上了一个进一步扩张受众规模、深化世界文学"汉风"传统的新台阶。当前,域外的杜甫译介如"不尽长江滚滚来",实际上也就是唐诗,更是中华民族的文化精神,在全球多元文化生态圈里和其他族群、其他文化互通有无,共生共荣,走向了更广阔、更深层次的对话。

作者简介

江　岚　博士,华裔女作家。任教于美国圣·彼得大学(St.Peter's University),主要研究方向为中国古典文学域外英译与传播研究、海外华人文学研究。著有《唐诗西传史论:以唐诗在英美的传播为中心》(*A History of Western Appreciation of English-Translated Tang Poetry*)。

近代早期德国出版物中的中国[①]

丹尼尔·珀迪 著 康 杰 译

你要将我们引向何方？我们才开始出发

好望角啊，遮掩了它的真相

富足的塞法拉，月亮岛的果实

华贵的檀香木，以及象牙都是寻求的对象

果阿让我们有机会，抵达马六甲

离苏门答腊不远处，来者前赴后继

从中国海滩，寄来瓷器

还带着武器，压着书籍。

马丁·奥皮茨《战神颂歌》(1628年)

在17、18世纪的德国宫廷中，中国是一个严肃的学术兴趣话题。尽管往往出于截然不同的原因，德国的选帝侯们都希望将自己的议事范围扩展至东亚地区。奥皮茨(Martin Opitz)称赞中国拥有瓷器、火药和印刷书籍，

[①] 原文"China Circulating in Early Modern German Print Media"，载 *Monatshefte*，Vol.108，No.3，2016。译文已获得原文作者授权。

这三项发明恰如其分地概括了德国人对中国的向往。巴伐利亚州的维特尔斯巴赫王朝(Wittelsbacher Dynasty)坚持不懈地致力于耶稣会的使命,不断向中国皇帝及其朝廷输送宗教书籍,力图改变中国统治阶级的信仰。勃兰登堡的统治者们效仿荷兰东印度公司的做法,开展利润丰厚的中国奢侈品贸易,力图以此加强自己在北欧的军事地位。最著名的是,德累斯顿奥古斯都试图通过在国内复制瓷器——最难以制作的、最稀有的中国制造产品,来削弱其他的贸易国①。

直到200年前,具有新颖的权威性观点的有关中国的书籍仍是寥寥无几,所以读者必须充分利用有限的可获得的原始资源。普鲁士选帝侯弗里德里希·威廉(Friedrich Wilhelm)试图建立一家东印度公司与荷兰互争雄长,与此同时,他也开始筹建一座中文及亚洲书籍的皇家图书馆。② 这些计划终归不过是黄粱一梦,因为普鲁士船只从未冒险越过非洲西海岸,并且很快就被荷兰东印度公司挤出奴隶贸易。若非国家层面对中国产生了直接的兴趣,19世纪首批东方学家之一的克拉普罗特可能要花100多年的时间才能重新收集起普鲁士的中文藏品。图书馆对中文手稿的采购和存储周期贯穿了整个18世纪,只有在迫切需要的时候,或者当某位好奇的读者偶然发现这些手稿的时候,才会派学者去解读它们。1826年,法兰西学院的首位汉文教授雷慕沙翻译了一部中国小说,这可能是第三本以欧洲语言出版的中国小说,他使用的是一个世纪前由耶稣会传教士送到皇家藏书库的手稿。在近代初期,关于这个传说中的中央王国有很多著述,但相同的资料往往被重复使用,这种情况持续的时间即使没有数百年,也至少有数十年。而那些未被翻阅的作品则在王室的收藏中备受冷落,盼待着一位能够读懂它们的

---

① Friedrich H Hofmann. *Das Porzellan der europäischen Manufakturen*. Frankfurt: Propyläen,1980,pp.29-69.

② Liselotte Wiesinger,Eva Kraft."Die chinesische Bibliothek des Großen Kurfürsten und ihre Bibliothekare."*China und Europa:Chinaverständnis und Chinamode im 17. und 18. Jahrhundert*. Berlin:Staatliche Schlösser und Gärten,1973,pp.166-173.

欧洲人出现。只有为数不多的有关中国的原始文本被重新出版、翻译、改写、复制和借用,而其他大量的中文藏品被束之高阁,这一奇怪的情形促成了人们熟知的、一成不变的中国形象。

从有关中国的出版物的出现到再次与中国进行接触之间的漫长岁月里,那些旧的资料被修订成新的汇编,这意味着18世纪晚期的知识分子与中国的接触往往是沿着一条倒退的轨迹进行的,新近的出版物使用的都是他们的旧资料。20世纪下半叶最后几代人的阅读习惯往往与进步的思想史背道而驰。他们对中国最初的了解仅限于当时具有中国艺术风格的瓷器,然后他们才慢慢地发现了更为源远流长、纷繁复杂的中国文化表征。浪漫主义者难免落入此窠臼,但早期的几代人除外——赫尔德、歌德和席勒;对浪漫主义者而言,中国给他们的最初印象是巧夺天工的瓷器和博大精深的茶道。

大多数思想史将旅居中国的传教士和商人发回的重要报告与来自流行文摘和舞台表演的讲述加以区分,但是,像孟德卫的重要作品《神奇的土地:耶稣会士的调适策略和汉学的起源》(1985年)一样,它们一致地优先使用首次出版的第一手报告。许多中国历史和文化的再版译本和删节本备受冷落。通常情况下,它们仅仅作为确认原文重要性的反思而被人引用。学者们会提到某位耶稣会士的论文被翻译成多种语言,但他们不会像对待原文那样去精心钻研这些译本。这种对原作和众多复制品的隐性区分,掩盖了这样一个事实:许多有关中国的近代早期书籍是由集体创作而成的。它们往往不是产生于某一位作者的经验,而是历经多人的创作与改写而成。大多数耶稣会士的报告在最初出版后的几十年里(如果不是几百年的话)都会被修改和重述,这在17世纪的文学界是不足为奇的。莱布尼茨出版的一本关于中国的著作《中国近事》(1697年)也参与了这种书籍文化,因为该书的大部分内容是传教士们写给作者的书信。基德勒(Friedrich Kittler)将学术界简明扼要地描述为:"一个无穷无尽的循环,一个没有生产者和消费者的话语网络，不过是把文字东拉西扯而已。"①比吉特·陶茨（Birgit Tautz）对莱布尼茨的评论与此观点非常相似：

"他既是他所参与的学术交流的产物，也是学术交流的贡献者。与同时代的作家一样，他大量引用其他作家的作品，对其进行删减和扩展，却很少提及作品的原作者。因此，他是一个几乎毫无个性特征的人物，他所具有的作者意义仅仅体现在回顾历史方面。"②

在近代早期阶段，互文关系尤为复杂和强烈。大量的文献都是对其他地方已出版材料的再次传播。来自更广阔世界的信息经常被汇编成大量的作品集，把轶事、趣闻、奇异故事和有关异域社会的报告呈现在欧洲读者面前。这些汇编相生相依，彼此之间经常相互引用。这一连串的关系将推动故事在读者中的传播，从而，一位耶稣会传教士在16世纪晚期所报道的事件将会通过一系列声称代表中国的书籍流传下来。结果，直到18世纪早期，最初的事件仍然在一本关于中国的新书中被重新叙述，于100年后才最终找到理想的读者。视觉意象也采用了类似的重复策略，因此，外国大城市或森林裸体土著的描绘被反复使用，而不考虑其地理上的特殊性。这些习惯导致了双重抱怨，即对世界的报道太多和对世界的了解太少。弗兰奇希（Erasmus Francisci）描述了他需要阅读的大量书籍的重量，尤其是关于中国和印度的书籍；而莱布尼茨发泄了自己的懊丧之情，因为耶稣会士没有更加积极主动地提供有关中国的信息。③

如果我们关注的是有关中国的书籍的传播，而非少数能够发表有关中国原始信息的欧洲人，那么我们就应该放弃有关于中国的知识中心存在这

---

① Friedrich Kittler. *Discourse Networks* 1800/1900. Trans. Michael Metteer and Chris Cullins. Stanford：Stanford UP，1990，p.4.

② Birgit Tautz. *Reading and Seeing Ethnic Differences in the Enlightenment from China to Africa*. New York：Palgrave Macmillan，2007，p.33.

③ Erasmus Francisci. *Ost- und West-Indischer wie auch Sinesischer Lust- und Stats-Garten*. Nürnberg：Johann Andreae Endters und Erben，1668：Vorrede.

一假设。神圣罗马帝国的诸侯国找到了许多了解中国的途径。哈布斯堡王朝和维特尔斯巴赫王朝都为中国传教活动提供了资助,他们心知肚明,这是在全球和欧洲重新确立天主教信仰的一份努力。勃兰登堡的新教选帝侯有一项宏伟计划,他试图从荷兰东印度公司挖走心怀不满的员工,建立一家东印度贸易公司;作为此计划的一部分,他积累了大量的中文手稿和书籍,他的收藏成为最大的中文藏馆之一。萨克森奥古斯都热衷于收集中国和日本的瓷器,他命令宫廷里的炼金术士和科学家重新开发这种精美材料的制作方法。欧洲人在内陆国萨克森对瓷器的再创造清楚地表明,有关中国的技术信息的传播不仅仅限于港口城市和天主教国家的首都。例如,孟德卫认为,具有中国亲身经历的耶稣会士逗留过的那些城市里的学者们才能真正了解中国。考虑到所有这些城市都与中国相距甚远,而欧洲各地了解中文的学者又寥寥无几,所以很难对关于中国的专业知识和边缘知识做出明确的区分。现成的有关中国的信息在欧洲各图书馆中的传播是司空见惯的。谈及有关中国的信息的传播,其在欧洲的中心和边缘不是由即时出现的说中文的人决定的,而是由藏书决定的。在17世纪,人们并不认为个人经验比通过阅读获得的知识更加准确无误、更加根深蒂固。布洛赫(Ernst Bloch)重申了这个时期的一个主要关注点,他使用"偶像崇拜"一词来解释巴洛克艺术是如何坚持这种信念的,即书籍可以直接涵盖整个世界,书中的描述毫无疑问是与现实世界别无二致的:

"巴洛克时期对书的偶像崇拜认为,整个世界浓缩于图书馆之中,并认为世界持久不变,因而它被藏在图书馆中:整个世界都藏在用永恒的字母砌成的围墙后面。"①

早期的旅行作家不断地在作品中描述他们的旅行见闻,由此暗示他们的书籍是欧洲以外更广阔世界的替身。当你能读到这本书的时候,何苦要

---

① Ernst Bloch. *Subjekt-Objekt*, *Erläuterungen zu Hegel*. 2nd edition. Frankfurt/M.: Suhrkamp, 1971, p.351.

经历航行到亚洲的重重困难？何苦要面对长途旅行的后勤保障困难、身体上的危险和科学上的复杂性？通常情况下，书籍使人们足不出户就能获取所需的知识。书中的描写让读者对欧洲以外的世界产生了一种身临其境的感觉，所以，通过地理科学，人们静坐家中即可了解世界。贝海姆（Georg Behaim）在1676年夸口说，他为读者提供了对世界的判断与衡量，阅读他的著作就如同亲身去非洲和亚洲旅行一样：

"通过博学多才的人们的勤奋和工作，到目前为止，人们借助地理就可以了解整个世界的状况，包括世界上所有的国家、王国和统治者，以及这些地区的山脉、河流、城市和村庄，就如同身临其境一般。不仅如此，读者还可以判断出，一个地方与另一个地方相距多远，每个地方的气候和当地人的品性。"①

许多价值连城的书籍、手稿、自然标本和奢侈品不是作为市场上的商品，而是作为复杂的外交仪式上的礼物得以流通的。王孙贵族之间会互赠从中国带回来的奇珍异宝，但学者们也会陷入礼尚往来的社交网之中，通过礼物来衡量和展示自己的地位和礼貌。学者们通常会赠送书籍复本以表友谊和尊重，但同时这也是与其他研究人员保持好感的一种方式，并期待这种好感能得到回报。就中国手稿而言，这种做法一直延续到19世纪。克拉普罗特赋予自己一项特权，他可以从自己管理的一些图书馆中收集副本，并将这些副本从自己的收藏中传递给其他汉学家，从而在能够阅读中文的学者群体中确立了自己的声望，但是在某些皇家收藏群体中，他的名声颇受质疑。

在学术界，中国可谓欧洲图书馆书架上的一本书。每当有人拿起这本书，阅读的方式千差万别，由此而产生的中国形象也有着天壤之别。在近代

---

① Georg Friedrich Behaim. *Asiatische und Afrikanische Denkwürdigkeiten dieser Zeit / Das ist / Beschreibung der Königreiche / Herrschaften und Länder des Grossen Moguls*. Nürnberg: Endter Seligen Erben, 1676: Vorrede.

早期,已经诞生了中国档案馆:对我们来说,问题不仅包括要对馆藏书籍进行编目,搞清它们是如何被整理和索引的,而且我们还需要研究人们如何获取这些近代早期的档案,出于何种目的,由哪些人获取,获取的频率如何。如果我们要研究近代早期有关中国的信息是如何传播的,我们就必须考察是什么样的社会境况迫使知识分子指涉中国。为什么长期以来一直对中国不理不睬,然后突然之间又对其刮目相看?潜心关注与置若罔闻的变化周期既非此起彼伏,也非意料之中。

作家们早已知晓,出版描写一个地方的书籍与亲身去那个地方体验是有相似之处的。德国出版商热衷于强调他们的书籍在探索时代方面起了至关重要的作用。或许,这种讽刺的夸张最有趣的表现形式是宣称美洲是在纽伦堡发现的,因为第一张印有"美洲"字样的地图是在此地印刷的。然而,耶稣会士《北京书简集》的德语译本相当严肃地探讨了环游世界的船只与正在出版的有关某个地方的书籍之间的相似之处。在中国传教的耶稣会士比许多人更清楚地认识到发布信息对于介绍一个地方所起的重要作用。该地方在外国人心目中的形象依赖于传媒的描述。哥廷根大学的校长莫斯海姆(Mosheim)教授也提出了类似的观点。他认为,尽管赛义德专注于西方传媒是如何"报道"中东的,但是耶稣会士所写的关于中国的文章无异于首次"发现"了中国:

"在某种程度上,可以将中国看作一个新发现的世界,如果我们将现在所获得的有关中国的信息与更遥远的古代有关中国的描述进行比较的话。"[①]

尽管大西洋沿岸的航海国家与中国保持着贸易关系,而且耶稣会传教士每月都要写报告,并发表重要论文,但即使在18世纪,有关中国的信息流动也还是断断续续的。官方的孤立政策限制了欧洲人登陆中国旅行的机

---

① Johann Baptista du Halde. *Ausführliche Beschreibung des Chinesischen Reichs und grossen Tartarey*. Erster Theil. Rostock:Johann Christian Koppe,1747:preface.

会。随着中国人对基督徒容忍度的不断变化,外加海上旅行也充满了重重危险,有关中国的重要著作时断时续地得以出版。像卫匡国这样的 17 世纪作家,首先会在作品前言中扣人心弦地讲述他们及其手稿是如何返回欧洲的,并明确指出,他们的著作之所以能够问世,是因为他们能够安然无恙地返回故土。① 当一艘来自太平洋的船只停靠在欧洲港口时,它不仅带来昂贵的商品,还会带来可以转录成出版物的资料。即使将手稿一式四份沿着四条不同的路线发送,许多作品也从未到达预定的读者手中,因为经营航线的诸多机构会从中作梗,想方设法阻止它们的流通。

席格特(Bernard Siegert)将电子传输和近代早期的海洋网络进行了类比,因为两者都是断断续续地传输信号的。来自中国的消息时断时续,间隔的时间会很长。通过航行船只传送消息面临着重重阻碍,十有八九会遇到干扰。"海洋的最基本空间变成了数字和媒体的最基本空间。"② 中国和欧洲之间时断时续的联系类似于做出发现和体验顿悟的智力和归档过程。衡量世界的过程一直都是起伏不定的。前往亚洲的船只通常在 3 月或 4 月从里斯本启程,然后于 9 月抵达果阿。前往澳门的旅客将在次年 7 月抵达,之后船只还必须在日本登陆。返航的船只将在新年前后离开印度,然后于 6 月至 9 月间抵达里斯本。③ 以上对航行路线的描述会让人觉得旅行的节奏井然有序。在船只靠岸之际,它所载的邮件还要历经长途跋涉才能最终到达目的地。因为几乎来自葡萄牙殖民地和贸易基地的每一封信件都要经过里斯本,抄写员通常会对信件内容进行手工抄写,制作出多个版本,因此,信件会在此耽搁很长一段时间。所有来自亚洲、巴西和非洲的具有启发性的

---

① Martino Martini. *Historische Beschreibung des Tartarischen Kriegs in Sina*. Munich: Lucas Straub, 1654: Vorrede.

② Bernhard Siegert. *Passage des Digitalen: Zeichenpraktiken der neuzeitlichen Wissenschaften*, 1500-1900. Berlin: Brinkmann & Bose, 2003, p.19.

③ Paul Nelles. "*Casas y cartas*: Scribal Production and Material Pathways in Jesuit Global Communication(1547-1573)." *Journal of Jesuit Studies* 2(2015), p.428.

信件都要抄写13份，以便送到欧洲各地。出版物是对抄写流程的补充，减轻了负责分发副本的葡萄牙人的负担。①

尽管欧洲和亚洲之间的交流时断时续，因为它们还不具备纪律性管理体制或数字网络那样的稳定性，但是商人们觉察到，消费者对来自中国的书籍、香料和菜肴有着相当稳定的需求。因为成功返回的船只所带回的书籍和商品无法满足当地的需求，所以欧洲人在德累斯顿重新发明瓷器，并以新的形式重新编写有关中国皇帝的史料，创造出他们自己的中国仿制品。旧资料的循环往复持续了几个世纪，尽管耶稣会士数百年来的报告和欧洲驻北京贸易大使馆提供了大量的最新资料，但是人们依然在阅读马可·波罗的作品。耶稣会士的作品是对前人的回应和继承，尽管耶稣会是几个世纪以来为数不多的能够保持一贯立场的组织之一，但是与此同时，他们提出的不同观点却遭到封锁，被延误和丢失的作品数不胜数。海上干扰是一种持续不断的威胁，这与现代邮政体系有着天壤之别。大部分的信件都是在海上丢失的。如果一艘葡萄牙船被一艘荷兰船追击，船长就会下令把邮件抛入大海，然后向陆地方向驶去。如果荷兰人俘获了一艘船，得到了船上的邮件，他们也会将其扔进大海。荷兰人对耶稣会士并没有特别的敌意，而且确实会把他们送走。为了顺利通过荷兰东印度公司所控制的航线，耶稣会挑选了一批比利时牧师，指派他们前往东印度群岛。所有真正重要的信件都是分三次通过不同的船、不同的航线寄出的，但仍有许多信件没有送达。通常情况下，对寄往罗马的请求信的回复要等4～6年之后才会收到。② 结果，罗马与各地方办事处之间精心组织的行政信函往来无法正常保持，尽管

---

① Paul Nelles."*Casas y cartas*: Scribal Production and Material Pathways in Jesuit Global Communication(1547-1573)."*Journal of Jesuit Studies* 2(2015),p.437.

② Alfons Väth. *Johann Adam Schall von Bell S J : Missionar in China, kaiserlicher Astronom und Ratgeber am Hofe von Peking , 1592-1666 : Ein Lebens-und Zeitbild*.Nettal:Steylar,1991,p.234.

这类信函当时在欧洲占有主导地位。① 事实上,耶稣会信函网络的中心人物皮科洛米尼(Piccolomini)总会长去世的消息,曾一度用了4年时间才传到中国。利玛窦在报告中写道,当信件到达澳门后,还需要花8个月的时间才能找到送往北京的路线。②

在近代早期阶段,编辑已在别处发表的信息与思想是司空见惯的做法。从中国传教活动开始之际,耶稣会士就是作为其他文本的编纂者从事写作的。尽管最早在中国印刷的《教理问答手册》归功于罗明坚,但它是一份复合式文本,早期的一位皈依者担任了翻译和编辑,对该书所做的贡献不可小觑。《教理问答手册》混合了不同的风格和信息,所以,尽管佛经被抨击为错误的教义,书中依然使用了佛教用语。③ 当耶稣会士为欧洲读者撰写报告时,修道士们制作了他们自己的汇编。这些文本之所以具有权威性,并不是因为它们是由某一位见证者所写,而是因为它们是由修道士们集体编辑而成。这些藏书也不是为少数学者保留的。尽管杜赫德的《中华帝国及其边疆地区通志》(1747年)作为一本耶稣会士资料的权威合集仍然被引用,它本身也参与了这种文学经济。杜赫德收录了各种各样的材料,有些是在传教士原作者不知情的情况下再版的。

李恩政(Eun-Jeung Lee)说,17世纪的传教士致力于翻译儒家经典,因此他们对孔子的了解要比他们对中国的了解多。④ 如果我们补充一条重要的修正,即欧洲人也通过物质商品(如茶、丝绸和瓷器)来接受中国,那么,李

---

① Markus Friedrich."Communication and Bureaucracy in the Early Modern Society of Jesus." *Zeitschrift für Schweizerische Religions-und Kirchengeschichte* 101(2007),pp.49-75.

② Christoper Shelke S J, Mariella Demichele."Letter to Fr.Geronimo Costa."*Matteo Ricci in China:Interculturation through Friendship and Faith*.Rome:Gregorian and Biblical Press,2010,p.85.

③ Ronnie Po-chia Hsia.*A Jesuit in the Forbidden City:Matteo Ricci 1552-1610*.Oxford:Oxford UP,2010,p.94.

④ Lee Eun-Jeung,"Anti-Europa".*Die Geschichte der Rezeption des Konfuzianismus und der konfuzianischen Gesellschaft seit der frühen Aufklärung,Eine ideengeschichtliche Untersuchung unter besonderer Berücksichtigung der deutschen Entwicklung*.Münster:Lit Verlag,2003,p.21.

的稍显夸张的观点表明,借用罗兰·巴特(Roland Barthes)的术语来说,最初对中国的接受显而易见是"阅读式的"。欧洲之所以欣赏中国的文化,是因为中国崇尚文字。正如比吉特·陶茨所言,"启蒙运动的作家们欣赏中国,因为中国是一个通过……文本建立起来的社会,并且继续基于文本来塑造自己。他们对文本所创造的更宏大的天衣无缝的风格韵味赞叹不已。因此,中国的社会结构是通过阅读来揭示的,始于耶稣会传教士进行的语言学和训诂学研究。"[1]因为中国学者似乎是基于对经典文本的学术阐释来构建他们自己的社会,所以,欧洲文学界胸有成竹地认为,文本介质为他们提供了一条准确衡量中国的路径。

19世纪初,德国和法国学者在耶稣会传教期间收集的藏品中发现了大批被人忽视的原始资料。一百多年来,这些收集来的书籍和手稿一直被束之高阁,因为很少有欧洲人能够读懂它们。在雷慕沙和克拉普罗特这样自学成才的学者看来,贸易公司和传教士收集的大量教会藏品和皇室藏品似乎是一种资源浪费。19世纪独一无二的世界文学理想诞生于这些被人遗忘的藏品中。他们之所以关注中国的档案资料,并不仅仅是因为中华大地和中华民族。雷慕沙写道:

"皇家图书馆大约有5 000册中文书籍,其中大部分从未被人翻看过。藏书满溢价值连城的信息,涵盖中文各领域的所有经典作品,有神话、考古、历史、地理和统计,立法和政治,博物学、戏剧、诗歌和小说。在诸多几近枯竭的矿藏中,要勘探这个几乎无人涉足的丰富矿藏,需要20个勤奋好学的人付出半个世纪的努力,但是,想要免费使用它的宝藏,只需两三年的准备工作。"[2]

克拉普罗特也同样说道,柏林的藏书在门泽尔1702年去世后一直没有

---

[1] Birgit Tautz.*Reading and Seeing Ethnic Differences in the Enlightenment from China to Africa*.New York:Palgrave Macmillan,2007,p.4.

[2] Anonymous."Rémusat's Chinese Grammar."*North American Review* 17.40(July 1823),p.3.

人动过，直到他自己于1810年开始对这些书籍进行编目。他们与这些手稿的相遇是一个重大事件，学者们如是描述道：这既是一种发现异国土地的身体上的行动，又是一种精神上的顿悟。

克拉普罗特和雷慕沙这样的汉学学者们源源不断地从德国和法国的图书馆中挖掘新的中国史书和译本，许多欧洲人如饥似渴地阅读着这些书籍，歌德便是其中的一员。当歌德阐述他的"世界文学"这一概念时，他正在阅读雷慕沙从法国皇家图书馆发现的一本中国小说。歌德对世界文学的新时代所倾注的满腔热情标志着亚洲文化在被欧洲遗忘和重新发现的漫长过程中达到了一个不同寻常的高潮。

有种历史叙事认为，近代早期欧洲人与中国的交往是一种由亲华向恐华的转变。我们不能仅仅停留在这个层面上，我们应该认识到，欧洲人对中国的认知历史充满了魂牵梦绕与置之脑后、心驰神往与置若罔闻、开拓创新与人云亦云的时刻。就连莱布尼茨和沃尔夫也只是偶尔接触一下中国思想，并非持续不断地把研究扩展到中国哲学的各个领域。这些转变不够连贯，无法形成单一的轨迹。实际的情形是，与中国文化进行一系列的思想碰撞之后，随之而来的是长时间的沉默和遗忘，这一点在传统思想史上早已得到承认。孟德卫在有关耶稣会在中国的传教活动及其在法国的接受程度的文章中指出，思想的历史不同于事件的历史，因为思想有时会彻底转入地下，不再被人们传播。西方对中国的兴趣和知识在德国图书馆里蛰伏了很长一段时间，被人们所遗忘，大多数偶然发现它们的人也辨认不出来，然后在关键时刻才被调动起来，重新发现，重新传播。当然，现在我们正处于媒体与中国密切接触的时刻，而这篇文章只是一个微不足道的体现。问题是，欧洲将在什么时候再次兴起中国热？全球化已经变得如此根深蒂固，它的趋势永远不会减弱吗？

作者简介

丹尼尔·珀迪（Daniel Purdy） 美国宾夕法尼亚州立大学日耳曼语与斯拉夫语语言文学系教授，主要研究领域为德国东方主义研究、建筑美学研究、启蒙运动和浪漫主义研究。

康　杰 中国矿业大学国际汉学与比较文学研究中心副教授。

开拓与羁绊
——晚清归国留美幼童的困境

官 濛

摘 要 1881年,在国际国内各种因素的影响下,实施仅九年的幼童留美教育计划突然终止,近百名已经在美国学习生活多年的学生返回中国。作为中国近代最早的一批留学生,他们归国后绝大多数投身政界和科技界,在各自领域筚路蓝缕,作出了杰出的开拓性贡献。但是,由于自身和时代的局限,留美幼童们无力改变国家的命运、实现强国梦想。

关键词 留美幼童;洋务运动;困境;依附

一、幼童留美计划的实施和终止

晚清中国面临"三千年未有之大变局"。西方列强以武力胁迫的方式给中国上下带来巨大的冲击。为了救亡图存,清政府推行洋务运动,派遣中国留学生到欧美各国学习。与此同时,中国的知识分子面对国家的沉沦,产生强烈的危机感,不断寻求出路。林则徐开眼看世界,主张购买西洋船炮,翻译外国的刊物,其好友魏源编成《海国图志》,提出"师夷长技以制夷"的主张。19世纪60年代,以曾国藩、李鸿章为首的洋务派先后提出"自强""求富"的口号,开始洋务运动。然而随着洋务运动的全面展开,雇佣洋人洋员,在国内培养外语、科技人才的办法已经很难满足洋务运动的发展需求。为解决人才紧缺问题,清政府决定派人出国学习。

由于自身眼界的局限,清政府无法提出切实可行的具体方案。这一历史使命落到被誉为"中国留学生之父"的容闳的肩上。容闳出生于1835年,幼年随父亲从南屏来到澳门,后进入马礼逊学校就读。1847年,校长塞缪尔·R.布朗(Samuel R.Brown)带着容闳和另外两名中国学生来到美国。容闳先在马萨诸塞州蒙森市的蒙森学院学习,后进入耶鲁大学学习并获得文学学士学位。在美国接受教育的经历激发了他的现代化梦想。虽身处异国,他仍然心怀祖国,期望能尽自己的力量帮助国家实现现代化。

1854年从耶鲁大学毕业后,容闳回到中国,先后担任西方传教士的翻译和助理。1860年年末,他前往南京会见太平天国洪秀全的族弟洪仁玕。容闳向他提交了一份建议清单,建议太平天国组织一支"科学原则"的军队,开办军事、海军和工业学校,建立银行体系,实行分级学校教育制度,组织"公民政府"。[①]

太平天国起义失败后,容闳把复兴中国的希望寄托在两江总督曾国藩身上。1864年,他被曾国藩派往美国为江南兵工厂购买机器,成功完成任务后,得五品候补同知衔,辅佐江苏巡抚丁日昌。1870年,曾国藩在天津处理"天津教案",容闳担任翻译。他抓住机会向曾国藩介绍了他酝酿许久的留学教育计划,得到了曾国藩和新任直隶总督李鸿章的支持。他们认为"挑选幼童出洋肄业,固属中华创始之举"[②]。1871年9月3日,曾国藩和李鸿章等人联合上奏《选派幼童赴美肄业酌议章程折》,9月15日得到晚清政府批准。1872年,第一批留美幼童从上海出发,驶向美国旧金山,成为中国第

[①] 容闳著,徐凤石、恽铁樵译:《西学东渐记》,北京:朝华出版社,2017年,第66页。
[②] 顾廷龙、戴逸:《李鸿章全集》(第八册),合肥:安徽教育出版社,2008年,第80页。

中外文化的交流与互动

一批官派留学生。

出国前后,清政府多次向幼童们强调留学的根本要旨在于不可变更本国规矩。从幼童们登上出洋的轮船开始,幼童们就要坚持学习《孝经》、《小学》和《国朝律例》等国学典籍;学习清朝皇帝的训告《圣谕广训》;除了在规定的时刻遥拜皇帝,还要保留发辫,向孔子的牌位行礼。以上举措时时提醒小留学生们学习西方科学技术的前提是恪守传统的礼仪,维护皇帝和圣道权威。

1872年至1875年间,根据曾国藩和李鸿章在1872年提出的计划,共有4批留美幼童(每批30人,共计120人)前往美国留学,计划在美国学习15年。清政府在美设置出洋肄业局施行监管,正委员由"中学较深"的官员担任,容闳任副委员,另有一名中文教习常驻康涅狄格州哈特福德的总部教授学生汉语课程。

抵美后,这些男孩三五一组,分散到美国家庭寄宿,并在当地学校就读。在美国家庭中,年幼的孩子们耳濡目染,在语言飞速进步的同时,也不可避免地受到美国文化的影响。他们很快就适应了美国生活,脱掉丝质长袍,换上西式服装,学会打棒球、踢足球、溜冰和用猎枪打猎,有人还大胆地剪去了辫子。与此同时,他们也接受了正规系统的美式教育,学习数学、化学、机械、矿业等国内没有的课程。1878年,当新任委员吴嘉善(字子登)抵美时,前来迎接的留学生们拒绝跪拜行礼。吴勃然大怒,斥责他们"适异忘本,目无师长……亦不能为中国用"[①]。

吴嘉善多次向朝廷上奏,谴责留学生儒学造诣浅薄,德行修养不足,容易受到外国恶劣风气的影响,并且声称容闳阻挠学生学习中文,对留学生管理松懈,甚至纵容他们入教。因此,他建议终止留学计划,将留美幼童撤回国内。来自出洋肄业局的揭短激化了保守派对留学计划的攻讦,他们认为

---

① 李喜所:《近代中国的留学生》,北京:人民出版社,1987年,第56页。

留学生学业尚未精进,价值观和世界观已经西化,无法对皇帝效忠,无法效力国家,因此不应继续留学。

此外,彼时在美国愈演愈烈的排华运动也是留学计划终止的原因之一。原定中国幼童进入美国海军学院的计划被美方终止,这意味着李鸿章最期待的留学强军的目标无法实现。1881年7月,清政府分3批撤回所有留美幼童。那时候,只有第一批幼童中的詹天佑和欧阳赓用9年时间完成16年学业,从耶鲁大学毕业。其他幼童中,有60名学生已经进入大学,其中22人就读于耶鲁大学,8人就读于麻省理工学院,3人就读于哥伦比亚大学,1人在哈佛大学,其余分散在不同的大学和技术学院中。其他孩子还在中学学习。[1]

在归来的船上,尽管离别的痛苦还未消散,这些留美学生们憧憬着将来能够以士大夫的身份大展拳脚,运用学识报效国家。可等待他们的却是冷遇、轻视甚至敌意。抵达上海时,码头上没有他们想象中欢呼的人群和热烈的迎接,只有一队水兵押送他们到一座潮湿、破旧、废弃十年的旧校舍居住。此外,尽管他们对跪拜非常反感,还是被迫向道台等官员下跪行礼。时任中国驻日本外交官的黄遵宪在《罢美国留学生感赋》一诗中讽刺道:"谓此泛驾马,衔勒乃能骑。"即在吴嘉善等守旧官员的眼中,留美学生如同脱缰的马匹,必须先拴住他们,给他们套上缰绳,然后才能驾驭他们。此时的留美学生们,似乎已经被清政府牢牢控制于股掌之间。

二、归国后投身科技界和政界的留美幼童

不出意料,归国的留学生们从最低的行政级别起步。他们被分配到电报局、船政局、天津水师等处当差。和微薄的收入相比,更难以接受的是工作专业不对口,以及遭受的歧视和排挤。大多数归国留学生"每月只领四

---

[1] Courtney S. *Joseph Hopkins Twichell: The Life and Times of Mark Twain's Closest Friend*. Athens: University of Georgia Press, 2010, p.207.

两,或略高于苦力的工资"①。大部分归国留学生在官场受到轻视,无法与科举出身的士大夫相提并论,处于官场底层。

公众对他们也没有好感。1881年9月,上海《申报》的一篇社论将归国留美学生称为"杂人"——一个杂糅、不纯的群体。还有人说,对待留学生最好的办法是再次把他们送到国外,因为中国还没有为他们做好准备。留学使命的突然结束和对归国留学生的冷淡反映了官方对留学生的不信任。在1879年的一封信中,李鸿章引用了曾国藩之子,中国驻英、法公使曾继泽的一份报告,认为从福州造船厂向英国和法国派遣学生并没有取得什么好结果。②出于对归国学生的不信任,清政府在决定是否将其他学生送往国外时顾虑重重。

然而,在马尾海战和甲午战争中,归国留学生们视死如归的英雄气概和精湛的技术水平得到了清政府和社会的承认。同时,随着外国在华势力的不断扩张,中国对熟悉"西方事务"的技术专家和人才的需求急剧增加。留学生因其出色的技能、坚韧和忠诚得到擢升。唐绍仪、蔡廷干等留学生开始得到重用,在各领域崭露头角。然而总的来说,他们总是处于开拓和羁绊的境遇中。

（一）詹天佑

詹天佑的职业生涯就是一个很好的例子。他1881年毕业于耶鲁大学谢菲尔德科学院,获得土木工程哲学学士学位。归国后,几经周折,詹天佑于1888年开始担任中国铁路公司工程师。作为20世纪中国杰出的铁路工程师,詹天佑对晚清现代化的贡献始于一条与"自强不息"毫不相关的铁路线。1902年深秋,逃亡回来的慈禧太后想修建一条铁路通往西陵,免去祭

---

① 勒法吉著,高宗鲁译注:《中国幼童留美史》,珠海:珠海出版社,2006年,第61页。
② Li Hongzhang.Li Hongzhang to Chen Lanbin,6 August 1879.in Teng and Fairbank(eds). *China's Response to the West*,Cambridge:Harvard University Press,1979,pp.94-95.

祖的跋涉之苦。这条线路将于次年3月完工。外国工程师因为时间短、任务重拒接工程。同为留美幼童、时任京奉铁路总办的梁敦彦找到詹天佑,请他任总工程师。詹天佑常常一天工作15个小时,终于按时竣工。这条供奉满族祖先的专用线耗资60万两银子,慈禧一生中只使用过一次。

詹天佑于1905年奉命修建京张铁路。这是中国首条不使用外国资金及人员,由中国人自行设计、营运的铁路。跨越八达岭附近险峻的南口关的铁路设计精妙,具有划时代的意义。1908年京张铁路竣工。京张铁路的成功修建不仅极大地提升了国人的民族自尊心,也就此奠定了詹天佑在中国铁路界的崇高地位。京张铁路完工后,詹天佑在川路、粤路公司担任要职,贡献卓越。

1911年清政府宣布铁路国有,湖南、湖北、四川、广东等省的保路运动爆发。武昌起义时詹天佑正在广州修筑铁路,当时清朝的有钱人和官员纷纷逃往租界或者是港澳地区,詹天佑拒绝朋友的劝告,仍然坚守铁路。在他的号召下,在整个辛亥革命期间,粤汉列车照常通行,铁路财产几乎没有遭到任何损失,给予广东革命政府有力的支持。1912年5月,詹天佑以粤路公司经理的身份,欢迎孙中山视察粤汉铁路建设工程。后来,孙中山拟定中国三大铁路干线规划,交通部也拟定出全国铁路四大干线建设计划。这些发展计划都凝聚着詹天佑的心血和奉献。

1919年2月,詹天佑代表中国出席国际联合监管远东铁路会议,前往海参崴、哈尔滨赴会。会议期间,他白天冒严寒赴会,夜晚钻研文书议案,与赴会中国代表共同努力,取得了中东路沿线由我国驻军的护路权,防止了列强以护路为名武力夺取中东路,并争得了我国工程师在中东路的工作地位。詹天佑病逝于1919年4月,享年58岁。

(二)唐绍仪

唐绍仪,生于1862年,第三批留美幼童之一,曾在哥伦比亚大学学习。

回国后唐绍仪被派往朝鲜办理税务,得到驻朝鲜大臣袁世凯的赏识。他的外交和洋务才干,对于擅长行政与军事的袁世凯来说,如虎添翼。二人交往近三十年,袁世凯视唐为心腹。袁世凯在仕途上每进一步,唐绍仪也会跟进一步。1901年袁任直隶总督,唐升为天津海关道。1904年,唐绍仪以清廷全权大臣身份与英国交涉西藏问题,后历任外务部右侍郎,沪宁、京汉铁路总办,邮传部左侍郎等,1907年出任奉天巡抚。1909年,袁世凯遭遇仕途低谷,摄政王载沣以患足疾为借口,将袁开缺回籍,唐也被免去奉天巡抚之职。1911年武昌起义后,袁重出江湖,出任内阁总理,很快就委派唐为内阁的全权代表,南下与革命党人代表伍廷芳谈判。

在南北和谈期间,唐绍仪曾多次致电袁世凯,要求严令军队停战,不以武力给革命党人施压。虽然身为清政府代表,但是他真心实意地为南北停战和谈而努力,在促进清廷尽快下台、扫清南北议和障碍方面作出了重要贡献。

1912年2月14日,袁世凯继任临时大总统。唐绍仪被南北双方推选为中华民国首任国务总理。但是袁世凯却安插亲信到各要害部门,直接插手总理的事务,架空总理。唐绍仪于6月15日提出辞职,以辞职来捍卫约法的尊严,也中断了和袁世凯数十年的友谊。

1915年,袁世凯复辟帝制之后,唐绍仪与国民党元老蔡元培、王庆伟等联名致电袁世凯,要求他辞职以谢天下。唐绍仪各方奔走,竭力争取国际力量支持护国军,讨伐袁世凯。以上言行不仅表明他与袁世凯的决裂,更显示他在国际问题上的鲜明立场。

辛亥革命爆发后,唐绍仪加入革命党人行列,由封建官员转身为执着的共和国卫士,其变化之快令人震惊。其实,探寻唐绍仪的思想发展脉络便会发现,唐由仕清到叛清,绝非一时的冲动,更非顽固守旧势力所辱骂的投机、变节,而是有着坚实的思想基础的。在美国度过人生观形成最关键的青少年时期的唐绍仪,心中一直深藏着共和的梦想。一旦时机成熟,他便竭尽全力影响国家的发展方向,期望通过共和实现社会进步和富强。

1921年,唐绍仪因政见不合,拒绝出任军政府财政部部长一职,后寓居上海。1938年遇刺身亡。

(三)梁敦彦

除了唐绍仪,另一位在政治上崭露头角的是追随张之洞的梁敦彦。他是第一批留美幼童之一,1878年进入耶鲁大学学习法律,在离毕业还有一年时被召回。回到中国,梁敦彦首先被派到天津电报学院教英语。同时,他开始学习儒家经典和八股文写作,为科举考试做准备。1884年因奔丧逾期不归被通缉并革去官差后,他不得不在香港靠讲解《圣经》为生。不久后被举荐进入两广总督张之洞的幕府,成为他的秘书和翻译。1889年,张之洞担任湖广总督后,梁敦彦跟随来到武昌。梁敦彦在1889年至1893年间,主要以翻译的身份参与张之洞在湖北的洋务运动。张之洞实施新政的湖北,是曾国藩、李鸿章之后的晚清洋务重镇。在工业方面,张之洞先后在湖北创设了枪炮厂、汉阳铁厂、织布局等13家工厂,建立起比较完备的轻重工业体系,其中最重要的就是被誉为"东半球第一"的汉阳铁厂及湖北枪炮局。1898年10月,张之洞进京觐见皇帝,梁敦彦随行进京。1902年,张之洞奏派梁敦彦随议商约,得以引见御前;同年5月以道员发往湖北补用;同年即奏补湖北汉黄德道。1904年,唐绍仪举荐梁敦彦接替他担任直隶津海关道员,结束了梁敦彦的张之洞幕府生涯。梁敦彦任职天津海关道时期,协助袁世凯办理洋务,处理对外关系。他先后帮助袁世凯设立临城煤矿、井陉煤矿,会办京奉铁路,其中最著名的就是推荐詹天佑担任京张铁路总工程师。在对外交涉上,梁敦彦展现出强势的一面。他屡次照会大使馆,将在华犯罪的外国人绳之以法。

1907年,梁敦彦奉旨署理外务部右侍郎,开始外务部生涯。1908年正式补授外务部右侍郎;同年12月,梁敦彦奉旨署理外务部尚书。1909年梁敦彦实授外务部尚书;同年9月,即因病乞休,辞去外务部尚书一职。据说他并非真病,而是因袁世凯去职而受到排挤。也有人认为梁氏辞官是以养病为名,实以特使身份秘密赴美、德商谈与中国联盟,抵抗日俄的事宜。1911年5月8日,清廷宣布实行责任内阁,因主要成员皆为满人宗室,故称"皇族内阁"。其中,梁敦彦为外务部外务大臣,是仅有的6名汉人内阁成员之一。但直至1914年,一直滞留海外的梁敦彦才回到中国,出任袁世凯政府的交通部部长,总管铁路、航运、电报、电话等事务。1916年,因反对袁世凯复辟,梁敦彦辞职。1917年6月,梁敦彦又参与张勋复辟,任外务部大臣。短命的复辟仅持续11天就失败了。梁敦彦先遭通缉,被赦免后一直隐居,直至离世。

三、归国留美幼童的开创与羁绊

反观清政府首次派出留学生的留美幼童计划,不难发现,这不是清政府向西方文明开放的信号。此举的目的是实现魏源等人在19世纪40年代提出的"师夷长技以制夷"以及"中学为体,西学为用"的主张。洋务派希望这些年轻的留学生学习西方先进的军事和制造技术并带回中国,由此实现中国的自给自强,摆脱对洋人的依赖。对于清政府而言,留美幼童是一枚应急求变的棋子,他们肩负着知识救国,拯救摇摇欲坠的大清帝国的使命。他们需要在保留对清政府的完全忠诚的前提下,运用所掌握的西方知识,筹办海防,造船制器,实现洋务派富国强兵的愿景。晚清朝廷期望他们成为技术附庸,但绝不能触动已有的政治体制。

容闳在留美幼童计划实施中发挥了重要作用。容闳自幼接受传教士学校的西方教育,在美国生活多年,接受了美国顶尖学府的教育,在传统文化方面并无造诣,甚至在学成归国后需要数月时间温习中文才能掌握口语和书面表达。他奔走近二十年,不遗余力地呼吁实施教育改革,显然不是为了巩固祖训,而是"使予之教育计划果得实行,藉西方文明之学术以改良东方之文化,必可使此老大帝国,一变而为少年新中国"①。容闳虽然依附当朝重臣,借助他们的力量实现自己的教育改革理想,但他的宏图壮志是要引入西方文明改良陈腐落后的中国。他的理想已经超越了"器物"层面,达到了发展资本主义、变革政治体制的高度。这为后来派遣留学生活动的失败埋下伏笔。

詹天佑、唐绍仪和梁敦彦等留美幼童在中国近代史上留下了不可磨灭的痕迹。他们幼年赴美,在西方文化中成长,及至成年又返回祖国。归国后,除了黄开甲赴上海任银行买办、李恩富等人重新返美求学外,留美幼童几乎都步入仕途,作为政治或科技官员沉浮一生。

进入政界的留美幼童大多依靠权臣如袁世凯、张之洞等人的提携,政见偏于保守。留美幼童当中几乎没有激进的革命者。他们大多在自己的岗位上勤勉努力,为维持风雨飘摇的晚清政府贡献自己的专长,甚至生命。辛亥革命以后,许多留美幼童如周寿臣、梁诚等选择回归故里隐退,从侧面证实了他们对革命的失望。

进入科学工程界的留美幼童以詹天佑为代表。回国后,他们发现很多人在美国学习的专长在积贫积弱的祖国并无用武之地,于是转而学习国家最需要的专业,如海军、电报、矿业等。作为各项事业在国内的创建者,他们一生为这些事业殚精竭虑,筚路蓝缕。

遗憾的是归国后的留美幼童似乎没有对中国的发展产生任何决定性的影响。究其原因,笔者认为有以下几点。

第一,晚清统治阶层固守既得利益,不愿放权改革政体,因而无法产生类似日本明治维新式改变国家历史的创举。手握大权的政客们如李鸿章、袁世凯以及张之洞等只是利用这些归国留学生的操办洋务的能力以及专业技能。

---

① 容闳著,徐凤石、恽铁樵译:《西学东渐记》,北京:朝华出版社,2017年,第53页。

第二，手握大权的皇族和权臣怀疑这些归国留学生与西方的关系。翁同龢认为容闳"居然洋人矣"[①]。慈禧太后见唐绍仪跪得不自然，称其为"鬼子"[②]。隔阂之下必然是怀疑，留学生们无法进入核心政治圈、左右国家的命运，只能依附位高权重之人。

第三，留美幼童独特的身份认同。留美幼童"官费留学生"的身份，让他们深信自己是北洋集团培养的人才，被寄予以重望。在美国近十年的时间里，虽然他们住在美国家庭里，接受美国教育，养成了美式的生活习惯，但是他们始终未忘记自己将成为"士大夫"的责任。经历数十年的官场磨炼和对中华文化的洞察，他们更加看重国家的稳定和秩序。因此，他们更倾向于在可控范围内有规则地改革，比如唐绍仪参加的辛亥革命后的南北和谈，以及梁敦彦支持复辟。对于更为激进的革命，他们大多心怀抵触，选择隐退避免参与其中。

第四，从政的留美学生参与并推动的是官僚制度而非政治改革。他们引进现代化行政方式，利用西方学识为国家的外交、教育、军事或技术需求服务，最终得到承认并在政府中获得重要职位。同时，他们不得不适应官场，才有机会身居高位。尽管在晚清官场中饱受排挤，他们仍然依附于封建专制的政体。

四、结语

清朝末年，在"中学为体，西学为用"的大背景下，国家和社会的根本还是封建伦理制度。引进西方自然科学技术，效仿西方国家在赋税、教育、律例等方面的措施，目的在于自强御侮。晚清统治阶层固守既得利益，只是利用留美幼童操办洋务的能力以及专业技能，不可能真正实现现代化的强国

[①] 翁同龢著，翁万戈编，翁以钧校订：《翁同龢日记》（第6卷），上海：中西书局，2012年，第2946页。

[②] 王彬彬：《唐绍仪：一个留美学生的政治信念与政治操守》，载《钟山》，2019年第6期，第163—166页。

梦想。

然而,在中国从封建传统社会向近代社会的转型过程中,留学生也是一股积极的改革力量,他们在开化社会风气、引进西方文明方面发挥了重要作用。

作者简介

官　濛　中国矿业大学国际汉学与比较文学研究中心副教授。

中外文化的交流与互动

18世纪法国蔚然流行的"汉风"①

龙 云

摘 要 "汉风"是18世纪在法国文化艺术领域兴起的一场影响广泛的运动。本文从历时性角度分析其产生、发展、高潮的不同阶段,重点论述这股风尚出现的必要社会文化条件,以及其在绘画、装饰、园林等多个艺术领域的集中表现。最后论及以钱德明为首的最后一批法国在华耶稣会士对"汉风"的升华作用,因为他们的助力使得"汉风"发展到科学层面的汉学研究,最终为法国专业汉学的正式诞生准备了客观条件。

关键词 "汉风";汉学;耶稣会士;艺术影响

在法语语境中,"汉风"(Chinoiserie)一词最初出现在查理·富里埃(Charles Fourier,1772—1837)笔下:"在现代社会中,如果天才处于被奴役地位,那么一切都将被它废掉:它阻碍了科学、艺术各领域哪怕最起码的进步;它就像笨蛋一样耕耘着科学、艺术,那些由成见设置的种种边界,它一步

---

① 本文为国家社科基金冷门绝学研究专项学者个人项目"18世纪法国来华汉学家钱德明未刊手稿整理与研究"(项目号:21VJXG045)的阶段性成果。

也不敢逾越;正如被嘲弄的中国人一样固步自封,停滞不前。"作者进而引出"习惯的帝国或普遍的'汉风'"这一概念,并加以解释论证。① 法国19世纪整体弥漫着"仇华"情绪,该词明显带有贬义色彩。

"汉风"是从"中国"(Chine)一词衍生而出,该词具有两层意思:一是指来自中国或具有中国趣味的艺术品、珍玩、装饰品,尤其是受到中国和东方启发的罗可可艺术风格,这种趣味在18世纪的法国曾经风靡一时,深受公众青睐,1839年该词义被收入字典;一是指繁文冗杂的中国旧式的、无谓的手续程序,如清政府官员奉行的行政繁文缛节,1845年该词义被收入词典。② 显然,第一层意思更多指涉的是与中国相关的或由此生发的艺术风格,在18世纪,该词暗含更多的想象色彩、异国情调、理想成分,一种受到热捧和追逐的风尚与情调,一种雾里看花似的想象与向往。第二层意思更多具有贬义色彩,是对中国的戏弄、嘲讽和鄙视,一种瞧不起的态度与口吻,折射出19世纪法国对中国的情感表现。

由"中国"衍生出"汉风",从18世纪到19世纪,其内涵、外延随着时间的推移发生相应变化,体现出法国对中国文化的不同情感、心态、想象。因此,本文从历时性角度来考察隐藏在"中国"和"汉风"这两个词背后的历史经纬与想象变迁,尤其是考察"汉风"的发生、发展和18世纪在艺术领域的集中体现,廓清其在法国文化语境内的"前世今生"。

一、"汉风"的序曲:从遥远的想象到逐步真实的了解

早在罗马帝国时期,西方人就开始对精美的中国丝绸和瓷器赞不绝口。③ 这时候,中西双方对彼此的了解都只有零零散散的信息,更多的是遥

---

① Charles Fourier.Théorie de l'unité universelle,deuxième édition.Paris : la Société pour la propagande et la réalisation de la théorie de Fourier,1842,Vol.1,p.171;p.187.

② 参阅 Alain Rey. Le Grand Robert de la langue française, deuxième édition. Paris : Dictionnaire le Robert,2001,p.90.

③ René Étiemble.Europe Chinoise,Paris :Gallimard,1989,Vol.1,p.49.

远的虚构与想象,缺少真实确切的认知。直到13世纪,西方才进入相对真实了解中国的阶段。这离不开柏朗嘉宾(Jean de Plan Carpin,1182—1252)、鲁布鲁克(Guillaume de Rubruck,1215—1270)、马可·波罗(Marco Polo,1254—1323)等人的参与。

　　柏朗嘉宾受教宗和法王路易九世的派遣,1245年从里昂出发出使蒙古国。1253—1254年,鲁布鲁克携带路易九世书信出使东方,希望获许在蒙古国传教。这两次出使蒙古国的使命以失败而告终,但是却带回很多有关中国的信息。柏朗嘉宾的《蒙古行记》(Histoire des Mongols)和鲁布鲁克的《东行记》(Voyage dans l'Empire Mongol)在一定程度上反映了中国人的生活:中国人似乎比较温和,具有人情味,他们不蓄胡子,多少像蒙古人,尽管他们的脸庞没有那么宽阔。他们有自己特别的语言,在世界范围内,要想找到更好的百工技艺,那将是徒劳的。他们国家盛产小麦、葡萄酒、黄金、白银、丝绸,总之,人生值得期待的东西应有尽有。柏朗嘉宾还介绍了宗教情况:他们是异教徒,他们有奇特的文字,据说也有新旧约《圣经》;他们有讲述祖先事迹的历史典籍,他们有我们类似的隐修者;他们喜欢基督徒,大方施舍,谦和有礼。"鲁布鲁克关于东方的描述更为准确,他最早明白,"大契丹"居民从前被称为"赛里斯人",那里出产最精美的丝绸。[①] 当然,从宗教层面看,他的使团并不比柏朗嘉宾更幸运,他不无遗憾地发现,唯一受青睐的是基督教聂斯托利派,从属于罗马的传教士和信众都受到怀疑。继之而来的威尼斯商人马可·波罗在中国生活时间更长,足迹遍布中国汉族地区,留下一部古法语写成的中国游记。

　　1585年,门多萨(Juan Gonzalez de Mendoza,1545—1618)完成《中华大帝国史》。中国政府在书中被描绘得像一朵绚丽的玫瑰花,既没有贫困,也没有乞丐,这个民族聪慧谨慎,契合文艺复兴时期欧洲人对中国的想象。

---

① René Étiemble.Europe Chinoise,Paris:Gallimard,1989,Vol.1,pp.67-68.

阅读法译本后,蒙田曾写道:"在中国,其政府和艺术既不与我们的这一领域交往,又不为我们的这一切所熟悉。该帝国远远超过我们典范中最优秀的部分。该帝国的历史使我认识到,世界该是多么辽阔无垠和五彩缤纷啊!"①16世纪末,西方汉学鼻祖利玛窦来华。他写成巨著《基督教与基督教传入中国史》,后由金尼阁(Nicolas Trigault,1577—1628)刊行,1616年被翻译成法文。龙华民(Longobardi,1565—1654)的《论中国人宗教的几个问题》(1701)是18世纪最重要的汉学著作之一。该书在巴黎出版之后,立即引起哲学家马勒伯朗士(Malebranche,1638—1715)和莱布尼兹(Leibniz,1646—1716)的关注。龙华民认为中国文人通常将西方书中的意思与中国典籍相比附,想从古籍中找出与神圣宗教相符的解释。② 1658年,卫匡国(Martino Martini,1614—1661)向西方完整介绍了《中国上古史》。他将甲子之始定于黄帝元年公元前2697年,将伏羲时代上溯至公元前2952年。这样也提出了相应的问题:中国历史比《圣经》大洪水还早差不多六个世纪。卫匡国认为中国历史纪年可靠,却意想不到地给《圣经》带来了挑战。③

随着对中国认识的深化,中国形象在西方人脑海中愈加清晰,不过初期的游记或书籍给读者留下了很大的解读想象空间。同时,西方人早听说过的丝绸、瓷器等中国商品,依靠葡萄牙人和荷兰人不断的航海开拓,终于可以让欧洲人眼见为实,这些商品也逐渐扩展到全欧洲。

二、"汉风"兴起的语境:18世纪得天独厚的文化氛围

从16世纪晚期开始,大批耶稣会士来到东方,在传播"神圣宗教"的同

---

① 戴密微:《法国汉学研究史》,载戴仁主编,耿昇译:《法国当代中国学》,北京:中国社会科学出版社,1998年,第2页。

② Niccolò Longobardi. "Traité sur quelques points de la religion des Chinois, par le R. Père Longobardi, ancien supérieur des Missions de la Compagnie de Jésus à la Chine," Anciens traités de divers auteurs sur les cérémonies de la Chine. Paris: Louis Guerin, 1701, pp.1-4.

③ La Chine et la formation de l'esprit philosophique en France(1640—1740). Paris: Librairie orientaliste Paul Geuthner, 1932, pp.201-202.

时,以媒介身份把中国文化传播到欧洲。欧洲学者或将中国视为学习的楷模,或将中国视为贬斥的对象,似乎都以探讨中国问题为荣。由于耶稣会士对中国文化的解读,导致了教内教外长时间的"礼仪之争",其结果就是客观上促进了中国文化在西方的传播。确如艾田伯(René Étiemble,1909—2002)所说:"中国礼仪之争的另一大益处,就是让中国和中国思想引起了欧洲的注意。"[①]从17世纪末起,中国便成为对法国人最富有吸引力的国家之一。18世纪在法国刮起一股"汉风",对中国问题的关注达到空前高度。

在走出"想象中国"的过程中,路易十四决定向中国派遣传教士,希望他们在完成宗教使命之余从事科学工作,更好地为法兰西服务。来华传教士大都奉行利玛窦开创的"适应策略",身兼多重身份:宗教传播者、科学推广者、中国文化接受者。1685年,六位"国王数学家"传教士踏上东去的征途,其中张诚(Jean-François Gerbillon,1654—1707)、白晋(Joachim Bouvet,1656—1730)、李明(Louis Le Comte,1655—1728)等五位最终抵达中国。1697年,白晋奉康熙之命返法招募传教士。次年,白晋与马若瑟(Joseph Marie de Prémare,1666—1736)、雷孝思(Jean Baptiste Régis,1663—1737)、巴多明(Dominique Parrenin,1665—1741)等乘坐昂菲特里特(Amphitrite)号商船从法国出发望东方而来。这便是中法关系史上的昂菲特里特号首航中国,这是中法直接贸易关系的起点。从此整个18世纪,每年几乎都有商船来往于两国之间,推动着中法文化、科技和商业交流。法国传教士能人辈出,如冯秉正(Joseph-Anne-Marie de Moyriac de Mailla,1669—1748)、宋君荣(Antoine Gaubil,1689—1759)、钱德明(Joseph-Marie Amiot,1718—1793)等,以他们为主要媒介的中法文化交流一直延续到法国大革命之后,几乎贯穿整个启蒙时代。

18世纪,法国传教士在传播中国文化方面功勋卓著。法国出版了三大

---

① Étiemble,op.cit.,p.308.

汉学名著:《耶稣会士书简集》(Lettres édifiantes et curieuses écrites des Missions Étrangères par quelques Missionaires de la Compagnie de Jésus, 1702—1776)、《中华帝国全志》(Description géographique, historique, chronologique, et physique de I'Empire de la Chine et de la Tartarie chinoise, 1735)和《中国杂纂》(Mémoires concernant 1 Histoire, les Sciences, les Arts, les Moeurs, les Usages des Chinois par les Missionaires de Pékin, 1776—1814)。《耶稣会士书简集》直译为《教化及趣闻书简集》,主要是传教士谈论传教工作的进展与得失的书信,大多在朋友、教士、教友之间流传。在当时的语境中,欧洲对海外知识的渴求不断升级,走马观花似的游记已经很难满足公众胃口,而旅居当地的传教士既了解语言,又善于观察,还接受过系统训练,他们能够更好地回应这种需求,这也是"趣闻"的要旨所在。传教士对现实中国进行名副其实的报道,这些书信向欧洲读者介绍各种新奇知识,而且大多是传教士的亲身经历,具有"现场报道"的特质。这套丛书为"汉风"和中国学的早期发展注入了催化剂。《中华帝国全志》涉及中国文化的方方面面,对知识界和文化界产生了很大影响,伏尔泰、孟德斯鸠等启蒙思想家都从中获取了很多信息。伏尔泰曾经评价编者杜哈德:"虽然他从来没有离开巴黎,虽然他压根就不懂中文,但在同会教士报告的基础上,(他)给出了世界上最完整、最优质的中华帝国形象。"[①]该书一度是流传最广的有关中国的原始资料。《中国杂纂》则大都出自北京最后一批耶稣会士钱德明等人之手,堪称学术性论文合集,标志着耶稣会士汉学事业的顶峰。

除了为公众了解中国提供相对严肃的出版物之外,各种图册的出版也为法国公众提供了感性认识的渠道,有助于更好地了解多维度的中国,也为他们提供了想象空间。《中国图集》(Dessins chinois tirés d'après des origi-

---

① Voltaire. Le Siècle de Louis XIV, Catalogue de la plupart des écrivains français qui ont paru dans le Siècle de Louis XIV, pour servir à l'histoire littéraire de ce temps. Paris: Garnier, 1878, p.54.

naux de Perse, des Indes, de la Chine et du Japon, dessinés et gravés en taille-douce,1735)包括有关中国动植物、风尚和景物的图片,该书开启了图说中国的一时风气。《中西园林花卉图集》(*Collection précieuse et enluminée des fleurs les plus belles et les plus curieuses qui se cultivent tant dans les jardins de la Chine que dans ceux de l'Europe*,1776)对中国的常见花卉提供了更为直观的了解与认识。《外国花卉、水果、珊瑚和贝壳图录》(*Collection de douze cahiers de plantes étrangères en fleurs, fruits, corail et coquillages/dessinées par Jacques Charton*,1784)可以说是延续"汉风"的思路,更广泛地介绍中国植物、花卉、水果等,以满足公众更为精细的胃口。

因为传教士对中国文化的介绍,法国浸淫在中国热的氛围中,世俗汉学也得到了长足的发展,代表人物有铭文和美文学院院士傅尔蒙(Etienne Fourmont,1683—1745)、弗雷莱(Nicolas Fréret,1688—1749)和德经(Joseph.de Guignes,1721—1800)。他们秉承法国自文艺复兴以来的文献学传统,更加偏重对语言本身的研究。这一时期的汉学研究已经出现较为严肃的作品,表明法国本土汉学家开始关注新的研究领域,已经自觉地将中国文化放到更广的维度中去考察。①

另外,中文书籍是汉学研究的重要手段和条件。来华传教士收集了大批图书资料送回法国。1720年,法国王家图书馆大约有中文藏书1 000册。1722年之后,该馆藏书极大丰富,因为傅圣泽(Jean-François Foucquet,1665—1741)从中国带回了大批书籍。另外,巴多明和马若瑟也寄送了大量的中文书籍给王家图书馆。1742年,傅尔蒙整理出的中国书目收书4 000册左右。此时,中文书籍已经对读者开放。②

1697年,白晋返回法国,他带回皇帝着朝服和常服的画像以及朝中重

---

① 龙云:《钱德明,18世纪中法的文化使者》,北京:北京大学出版社,2015年,第28页。
② 龙云:《钱德明,18世纪中法的文化使者》,北京:北京大学出版社,2015年,第29页。

臣图像,奠定了法国对中国艺术研究的基础。图画由皮埃尔·吉法尔(Pierre Giffart,1643—1723)制版在巴黎出版,虽然效果远远不能与原图相比,但却让法国人对康熙以及相关阁老有了初步的视觉印象。可以说,该图册是法国18世纪"汉风"的起点。[1]

进入启蒙时代,从艺术层面来说,罗可可艺术风格得到了发展,并且在欧洲广为流布。在法国,它更多涉及绘画、装饰艺术等门类,取代了常常被视为太过于庄重、严肃或者沉闷的古典主义,倾向于在室内装饰中运用非对称曲线或漩涡、贝壳图案,使得生活环境更加轻松活泼,少了几分神味,多了几分人情味。该风格注重凸显亮色调,如白色、象牙色、金色等;图案中常常杂糅花卉、叶蔓、水果、带饰等;它追求细巧、玲珑、优雅的特点,整体风格更加柔和动人,多了些人间烟火气息,更符合轻松优雅的生活旨趣。在法国流行的罗可可风格具有包容情怀,以吸收异国情调和风格为特点,中国文化,尤其是艺术品的传播给罗可可风格提供了灵感源泉和借鉴参照,中国元素也因此进入艺术创作层面,成为中西方艺术交融的典范,至今都可以让人感受到其中千丝万缕的联系。[2]

法国"汉风"影响面大,持续时间长,影响度深,在18世纪中期达到高潮。从对一般中国工艺品的感性认识,从装饰绘画中借用中国场景、人物形象到对中国书简报告的广泛阅读,再到对中国文化的深入评判,借助异国文化因素来进行自我思想的批评和反思,"汉风"逐步从简单的模仿进入深刻的思想影响阶段。在这种追逐中国文化的风尚中,"汉风"和汉学研究也开始享受到得天独厚的社会文化氛围。

---

[1] Henri Cordier.La Chine en France au XVIIIe siècle,Paris:Henri Laurens,1910,p.30.
[2] 罗芃,冯棠,孟华:《法国文化史》,北京:北京大学出版社,1997年,第117页。

三、"汉风"的兴味:艺术领域的集中表现①

随着荷兰东印度公司的发展,中国商品尤其是瓷器在欧洲得到了广泛传播。但是,随着中国风格的熟悉和扩展,"中国的装饰并非始终能符合爱好者的胃口,人们通常采用增加装饰的办法,也就说在中国装饰的基础上再加上欧洲附件"②。随着对中国原产瓷器的改变和增加装饰,欧洲人慢慢开始进行模仿,在当地产品上开始出现具有中国特色或东方情调的人、物等形象。这种产业在法国尤其发达,可以说18世纪已经遍布整个法国,如里昂、斯特拉斯堡、尚蒂伊等。王室也开始使用尚蒂伊生产的瓷器。后来,该瓷器工厂不再满足于简单模仿,而是开始制造少量稀有的乾隆朝中国瓷器,带来了风格和色彩上的演变。③ 伴随着瓷器风格的变化,法国玻璃器皿上也开始出现有中国特色或情调的图案。

17世纪70年代左右,路易十四在凡尔赛建成特里亚农(Trianon)宫,"瓷宫"的称呼不胫而走。外墙和屋顶全部由仿制的蓝白瓷砌成,与室内陈列的中式瓷器和陈设完美契合,该建筑让人联想到东方情调。到了18世纪,新兴市民阶层也加入喜欢和使用瓷器的行列。据1700年9月《优雅信使报》(Mercure Galant)消息,昂菲特里特号运回法国"167箱瓷器"。④ 在此之前,中国瓷器已然在法国蔚然流行,成为风尚。

在中国元素进入法国艺术的过程中,最早迎合时代趣味的当属画家华多(Antoine Wateau,1784—1821)。他是罗可可运动的代表人物,传世名画有《发舟西苔岛》等。西苔岛是希腊神话中爱神游乐的地方,画面中由近及

---

① 这里的艺术领域不包括文学戏剧领域。这些方面的研究已经非常多,启蒙时代法国思想家与中国文化的关系已经广为人知。
② Cordier,op.cit.,p.8.
③ Cordier,op.cit.,p.14.
④ 孟华:《法国18世纪"景德镇神话"何以形成——一个感觉史意义上的中法文化交流的个案》,载《国际汉学》,2017年第4期,第110—111页。

远渐次展开不同的层次,由近处的恋人过渡到仙迹遥遥的远方,青烟缥缈间隐约可见蓝天碧海。色彩的巧妙运用弱化了规整的几何特征和透视比例,凸显出仙气灵踪之感,让人产生人间天上、今夕何夕的美妙幻觉,带来了玩味中国传统山水画的体验。绘画作品中产生的效果与力量,似乎在不停地召唤我们,给我们带来惊奇,让我们不停地靠近,似乎想与画中人物、风景进行内心的对话。华多还为很多名流显贵乃至国王完成了工作室的绘画和装饰工作,包括"恋人、猴子和四季"等主题的绘画装饰作品,在不同的场合都力图展示汉人和满人形象。[1] 他为王室狩猎行宫缪埃特城堡(Chateau de la Muette)绘制的《中国人与鞑靼人物画》久负盛名。研究者认为,"缪埃特城堡同样催生了甚为繁盛的未来。汉风……将成为法国直到大革命前18世纪的主要消遣内容。"[2]

后来,从中国风情自然而然过渡到猴戏装饰画,代表人物则是于埃(Christophe Huet,1700—1759)。他在各大城堡留下了大量猴子形象和中国人物装饰画,其中尚蒂伊的大猴戏厅更是闻名遐迩。厅内墙上布满彩色或描金的涡卷线状图案、单色画、田园画、游戏场景,以及一些穿着正装且模仿人类举止的猴子、小狗、花鸟、花环等。可以看出于埃作为艺术家的机巧、才情、品味和华彩。[3] 尚蒂伊壁画正是艺术史上最著名的猴戏壁画,是"汉风"流行的1730年代完成创作的作品,其中充满中国风格的装饰正是得益于"汉风"。尚蒂伊还有一间小猴戏厅。此外,于埃还为其他多位王公显贵设计完成富有东方情调的工作室和中国厅,猴子形象也成为他经常使用的主题之一。于埃装饰作品中虽然充满了离奇的想象色彩,但是他在创作的时候应该做过案头工作,不仅观摹和借鉴中国作品,甚至还阅读过许多有关

---

[1] Cordier, op.cit., p.30.
[2] Ibid., p.31.
[3] Cordier, op.cit., p.33.

中国的游记。①

罗可可主义的代表人物布歇(François Boucher,1703—1770)是启蒙时期最有名的画家和装饰艺术家。他绘制的《中国人物形象集》展现了很多中国人物形象,如医生、太太、植物学家、农妇、杂技女艺人、魔术师、音乐人、小姐、兵卒等。② 布歇是"汉风"的具体策动者和推动人,他与巴黎艺术商基尔桑(Edme-François Gersaint,1694—1750)合作,在东方艺术品流行的风潮中起到了重要作用。布歇完成了很多挂毯,其中很多以中国题材为依托,如奇异的中国人、出巡的君王、渔夫、中式花园等③;还有展现中国场景或日常物件的作品,如鹦鹉、猴子、花园、茶叶、梳妆盒、百宝箱等。这也说明,在罗可可艺术渲染的过程中,对东方风尚的爱好早已不再是王室和贵族的专利,已经开始走向寻常百姓家。从为王室服务的博韦(Beauvais)工厂开始,挂毯的主题内容也得到大幅拓展。比如奥布松(Aubusson)挂毯厂也开始借用中国主题,尤其是18世纪后半期其生产的挂毯更是领一时风气之先,如典型具有中国特色的主题挂毯:中国茶、推水磨的中国人、乡村景色中的中国人与服饰等。④

当时,有着同样艺术追求和风格表现的画家不在少数。于吉埃(Gabriel Huquier,1695—1772)是巴黎重要的版画家,他对于艺术的深入理解,使得他成为18世纪铜版画装饰领域的关键人物,在罗可可艺术设计和装饰方面起到了极为重要的作用。他根据华多和布歇的作品,制作了大批版画作品,将两位罗可可艺术大家的作品推而广之,扩大了公众对这种异域情调的了解,对"汉风"的发扬光大功不可没。他还制作了多册中国花草图集、自然植物图谱,其价值较高,绘制方法也极为别致。另外,他还收藏有各

---

① 孟华:《法国18世纪"景德镇神话"何以形成——一个感觉史意义上的中法文化交流的个案》,载《国际汉学》,2017年第4期,第456页。
② Cordier,op.cit.,p.35.
③ Ibid.,p.39.
④ Ibid.,p.40.

大花卉画家的版画作品、图片和写生作品,作为著名的收藏爱好者,他接待过很多好奇的访客。① 其作品和收藏毫不保留地对公众开放的举动,在民间层面极大地推动了"汉风"的流布,让这种由华多和布歇推陈出新的风格进一步推而广之。

在这些大师之外,还可以列举画家和装饰家让·毕耶曼(Jean Pillement,1709—1808),他也是18世纪罗可可艺术的代表人物,在整个欧洲都非常知名,是波兰国王的御用画家,也曾经为路易十六王后服务。他的作品被他本人或其他人制作成很多版画,其中包括中国题材的花卉、饰物、海边风景、渔夫、村民等,这些作品对于丝绸厂、棉布厂、挂毯厂极为有用。

此外,布料印染领域也引入了中国风格的图案和工艺。1732年左右,中国缎面绣花潮流开始在法国形成,用不同颜色的丝线完成的绣花图案。法语中还专门造了一个新词chiner,这也是由Chine(中国)派生出的词,表明这种工艺手法、风格都来自中国。据法语词典,该词的使用源自意大利语"光鲜的中式塔夫绸"。② 随着印花布料的流行,各地建立起很多印染厂,面料上的图纹和装饰也受"汉风"影响,开始引入具有中国情调的人物与场景。在这个过程中,法国人甚至直接将一种挂毯称为"中国(chine)",因为丝绸和面料让人想起所谓的"中式针法"。还有一种黄色棉布被称为"南京","北京"则指一种法国本土生产的优质丝绸面料。同时,带有中国元素暗影的纸张也流行开来。③

在室内装饰方面,奥尔良公爵(duc d'Orléans,1747—1793)打造了中式客厅,公爵夫人的房间也非常漂亮,配有中式绘画作品,整体看起来非常别致、高雅。路易十五王后在穆西城堡(Château Mouchy)辟出了中国室,并按照东方风格进行内部装修、装饰。在中国室内,家居自然也脱不了"汉风"

---

① ICordier,op.cit.,p.36.
② Ibid.,p.46.
③ Ibid.,p.50.

的底子。1728年,马丁兄弟推出一种以树脂为材料、类似于清漆的原料,欲与中国漆一比高下,俗称马丁风格或马丁漆。一时间,法国流行大批以中国漆或马丁漆生产的家具,甚至包括路易十五的御案。在这种风尚的影响下,"汉风"甚至在壁炉上都找到了一席之地。在某些漆器上,中国人物甚至取代了太阳王和王室百合花饰。① 为了点缀园林、增加生活的闲情逸致,中国金鱼也被引入法国,供蓬巴杜夫人(Madame de Pompadour,1721—1764)玩赏。从此锦鲤开始在法国繁衍生息。②

从室内到室外,这种"汉风"催生的新鲜气息也在街头户外的马车上体现得淋漓尽致。光鲜夺目、美轮美奂的马车竞相装点名家的绘画风格,诸凡花草、动物、景物,不管是国王,还是名流显贵,似乎都在一比高下,看谁的马车更有新意、更显华贵、更具品味。这当然离不开罗可可艺术家的功劳,离不开他们浸淫其中的东方情调和中国风格。③

在建筑艺术上,法国传教士王致诚(Jean-Denis Attiret,1702—1768)和蒋友仁(Michel Benoist,1715—1774)向西方介绍了中国建筑园林艺术。王致诚在一封描写圆明园的书信中详细地描写了艺术家眼中的中国园林:"别墅园囿非常漂亮。占地辽阔,地上人工堆砌的山丘高矮不一,形成各种小沟谷。每条山沟内荡漾着明净的碧波,沟渠溪流时而相交相汇,聚成池塘和海子。……从山间谷地出来,没有欧洲那种平直的大路,只有弯来拐去的小径,曲折幽回的小路,点缀着亭台楼阁、小巧的石窟洞穴,忽而进入第二条山谷,与第一条迥然不同,不管是山形水势,还是建筑形制结构。"④同样,他还发现东、西方园林的其他差异:"溪流两岸不像欧洲那样砌着整整齐齐的石头,而是因陋就简堆叠着天然的石块,参差不齐,犬牙交错,处理得那么有艺

---

① Cordier,op.cit.,p.51-52.
② Ibid.,p.52.
③ Ibid.,p.54.
④ Jean-Denis Attiret."lettre du 1er novembre 1743 à M.d'Assaut,"Lettres édifiantes et curieuses,écrites des missions étrangères,,nouvelle édition.Lyon :J.Vernarel,1819 Vol.12,pp.390-391.

术性,仿若宛自天开一样。溪流忽而宽,忽而窄;此处斗折蛇行,彼处峰回路转。两岸鲜花点缀,假山掩映,仿若大自然的杰作。"①王致诚的书信凸显了中国园林的特点,包括布景的意趣、结构的巧妙、注重自然的野趣、关心意境的搭配、推崇移步换景的原则、重视曲径通幽的效果等。

除了园林艺术之外,需要具体建筑物与之巧妙搭配,才能再现中式的情调和雅致。当时,因为李明的《中国现势新志》和杜哈德的《中华帝国全志》,南京的琉璃塔(法国人俗称瓷塔)之名不胫而走,广为传播。于是,一些显贵达官的园林中开始有意识地出现模仿中国塔或中式楼阁的设计潮。以至于出现这样的结果:"在'风景秀丽的花园里',似乎一座中式楼阁已经成为大领主或富有金融家私家园子的必配装饰物;它更加轻巧,更加舒展,取代了曾经风靡一时的传统廊柱式圆形庙宇。"②

在18世纪,随着中国物品在法国进一步流传,随着中国文化被法国人的进一步了解,中国元素作为重要的文化交流媒介逐步渗透到法国艺术的多个层面,如绘画、印染、装饰、园林等,催生出中西艺术结合交汇的产物,并且在法国成为流行时尚,契合了18世纪法国转型的文化需求,同时也促进了名副其实的汉学的诞生。

四、"汉风"的尾声:最后一批耶稣会士的助力

1764年,在负责东印度公司事务期间,国务大臣贝尔坦接触到传教士高类思(1733—1790)和杨德望(Étienne Yang,1733—1798)。他希望通过中法交流来推动科技进步,同时研究被重农学派奉为典范的中国社会制度。1765年,高、杨回到广州后,他们在文学通讯中的作用逐渐弱化,法国来华传教士的作用日益突出。中法"文学通讯"由此拉开序幕,其灵魂人物便是

---

① Jean-Denis Attiret."lettre du 1er novembre 1743 à M.d'Assaut,"Lettres édifiantes et curieuses, écrites des missions étrangères,, nouvelle édition. Lyon: J. Vernarel, 1819 Vol.12, pp.390-391.
② Cordier, op.cit., p.64.

贝尔坦,大批研究中国问题的学者聚集在他身边,由此直接催生了《中国杂纂》,深化了汉学的发展。从钱德明和主编布雷基尼(Louis Georges de Bréquigny,1714—1795)之间的通讯可以看出,不管是出版内容,还是印刷工艺,北京传教士都更加关注丛书出版的系统性、条理性和准确度,这体现了18世纪晚期的传教士更加科学的研究态度,表明传教士汉学已经取得实质性进展。[①]

当时,法国重要学者几乎都对中国表现出极大兴趣,纷纷请求与在华传教士钱德明、韩国英(Pierre-Martial Cibot,1727—1780)等建立通信联系。这些书信展现了传教士与欧洲学者之间的互动关系,乃至整个法国学术界对中国文化的态度。贝尔坦是当时对中国文化最了解的人之一。他推崇第一手资料,希望通过与在华传教士通信获得真实可靠的信息,对从没有到过中国或走马观花得来的二手信息非常警惕。他觉得应该当心作者的偏见或成见,因为作者可能利用某些材料而歪曲现实,为自己的利益或想象服务。贝尔坦意识到,18世纪的法国流传着太多的中国"神话",往往真假混杂,偏见丛生,以讹传讹,误导了难辨真伪的受众。在通信中,他始终采取严谨客观的科学态度。在中国政府问题上,钱德明对中国多有溢美之词,多次谈到乾隆的勤政爱民和文治武功,塑造出一个几乎完美的圣明君主形象。贝尔坦对此大胆质疑和批评,并不完全赞同钱德明的观点。贝尔坦有着清醒的批评意识,其书信透露出他对中国的热爱,但总的来说,这是一种相对客观、没有多少偏见的"中国情结",与重农学派对中国的狂热推崇迥然不同。贝尔坦的科学求真精神不仅贯穿在他自己对中国的认知和研究中,也影响着周围的大批法国学者,这种开风气的精神不能不说对法国专业汉学的科学精神做了准备,也为"汉风"的推进提供了更多理性的思考和科学的支持。[②]

18世纪晚期,在贝尔坦的努力下,法国对中国的认识达到了空前高度。

[①] 参阅布雷基尼致钱德明书信,法国国家图书馆西方稿本部,布雷基尼档案。
[②] 参阅龙云:《钱德明:18世纪中法间的文化使者》,北京:北京大学出版社,2015年,第173页。

这时候,有关中国的出版物已经引起许多精英阶层的关注,知识界严肃认真地关注中国问题,学术期刊也对中国投来关注的目光。18世纪最正式、最学术的刊物《博学杂志》(*Journal des Savants*)对中国表现出极大兴趣。1770—1780年,该刊共发表24篇与中国相关的文章;1780—1790年,文章数目达到27篇之多,创下了整个世纪的最高记录。《博学杂志》中有文章指出,像《中国杂纂》这样发表传教士寄回的原件比以前的著作要高明得多。这表明,18世纪后期的法国学术界以一种更加严肃和求实的精神在进行中国研究,研究重点更多转向原始材料和第一手资料,因为"他们希望自己去判断,原始材料让他们最高兴,哪怕是最严密的推理和体系也比不上"①。

钱德明在四译馆担任翻译,这一身份使得他可以接触到某些宫廷文献,满语在他的翻译作品中占据主导地位,他编写了满语工具书,也为法国满学的诞生和发展创造了条件。钱德明翻译了《中国兵法》,这是18世纪法国传教士翻译的严肃作品之一。②钱德明一直和王家图书馆馆长比尼翁父子保持通信,在中文书籍的搜集方面做了大量工作。钱德明一直留心中文书籍的搜集工作,因为他了解中国古代焚书和文字狱的相关历史,还特别预见到这些书籍的潜在价值。通过几代传教士的努力,到18世纪末期,法国王家图书馆已经拥有大批中文图书,为法国本土的汉学研究奠定了坚实基础。"王家图书馆这批中文书籍在法国汉学研究领域发挥了重要作用,正是得益于这些宝贵的收藏,法国汉学研究才能在19世纪把欧洲其他国家远远地甩在了后面。"③

钱德明等最后一批传教士在寄回法国研究报告和翻译作品的同时,还

---

① 贝尔坦1779年10月15日给贺清泰(Louis Antoine de Poirot,1735—1813)神父的书信,法兰西科学院图书馆,手稿1515—1526。

② 与钱德明相关内容均参阅龙云:《钱德明:18世纪中法间的文化使者》;参阅钱德明手稿,法兰西学士院图书馆,手稿1516—1518。

③ Paul Demiéville."Aperçu historique des études sinologiques en France,"Choix d'études sinologiques.Leiden:E.J.Brill,1973,p.449.

给贝尔坦等通信对象寄出了大量来自中国的实物,而且这些物品也超越了"汉风"初期法国人追逐的中国瓷器、漆器和小工艺品,他们大幅度拓展了礼品的范围。单单是贝尔坦中国室收藏的奇珍异玩就达五百余件,在法国可谓绝无仅有,比如乐器、音石(磬石)、漆器、笔筒、细瓷、朝珠、泥塑、牙雕、竹雕、木雕、朝服、冠戴等。同时随着科学研究的深入,还寄回法国很多与自然史相关的物品,如各种植物种子、矿物样品、高岭土、硼砂、驴胶、鹿角、树胶、植物蜡等。[①] 这些物品有助于法国从动植物、物理、化学等角度进一步了解中国文化,可以说这个阶段,在华传教士的介入直接推动"汉风"向更高的发展阶段发展,在进行思想性批判的基础上,对中国文化的理解也更加注重科学性。在他们的长期努力之下,不仅直接推动了"汉风"的升华,而且不断细化"汉风"的具体内容,使得其不断深入和多样化发展,法国专业汉学的诞生已经具备了必要条件。

五、结语

法国人从想象到逐步真实地认识中国经历了漫长的过程。18世纪上半期,文化氛围为"汉风"的兴起、流布创造了有利条件,"汉风"在不同维度具体地融入法国艺术。18世纪后半期,在华最后一代法国耶稣会士继续推动"汉风"的演进。通过与贝尔坦的通信,他们促进了"汉风"在精神层面和科学层面的深入发展,给法国文化、思想带来变化,直至催生出名副其实的汉学研究。

文化交流达到一定阶段后,如果具备有利的社会文化条件,参与交流的两种或多种文化会呈现出水乳交融、彼此不分的境界,一种真正的"你中有

[①] Notice des article curieux composant le cabinet chinois de Feu.Bertin,ministre et secrétaire d'État sous Louis XV et Louis XVI.Paris :Chez MM.H.Delaroche,rue des Petits-Augstins,n°.20; Moreau,Commissaire-Priseur,rue Notre-Dame-des Victoires,n°.12,De l'Imprimerie de Chapelet, 1815,pp.3-6.

我、我中有你"。这种有意思的现象同样局部体现在18世纪中法文化交流之中,它从侧面反映出文化交流中的"互学互鉴"精神。当法国能够生产出同类优质产品的时候,在向接受者施加影响的同时,作为放送者的中国甚至反过来借鉴西方产品的风格与特点,不仅模仿法国国王的御用瓷器,而且还在景泰蓝上刻意模仿具有欧洲风情的装饰图案。在最初的模仿者法国人一方,有些厂家也毫不隐晦地表明自己生产的是本土"山寨货",绝不给人以幻想的机会,更没有以次充好或冒充原产地的企图。[1] 这样的举动在一定程度上说明"工匠精神"的巨大作用,也可以看出文化交流双边参与者的文化自信,一种对自己产品、工艺、质量的自信,一种对异国文化艺术开放、包容的心态,即敢于大胆地将异国元素纳入自我文化,不断地促进自我文化的改造升级。

作者简介

龙 云 外交学院外语系副教授,双博士(法国巴黎索邦大学/第四大学法国文学与比较文学院,北京大学中文系/比较文学与比较文化研究所)。主要研究方向为中法文学与文化关系。

---

[1] Cordier, op.cit., p.16.

中外文化的交流与互动

美国的中国农学留学生[①]

D. Hoe Lee 著   孟姝含 译   邓凤鸣 校

在农业方面,中国可以向美国学习什么?这也许是每个中国农学留学生都会遇到的重大问题。如果我们的留学生不熟悉中国的农耕技术、不掌握中国农业的现状和问题,无论他们进行多么慎重全面的思考,都无法轻易找到上述问题的答案。在改善中国农业这项事业中,如果留学生们对中国农业当务之急的任务缺乏深度认知,他们在学习过程中肯定会遇到一些障碍。这些障碍不仅会让他们荒废时日、无法取得成就,而且会妨碍中国农业取得新的发展。

一、中美农业的差异

毋庸置疑,我们以前派往美国的农学留学生,都浪费了很多时间和精力,国家也浪费了很多人才。从美国培养出来的这些中国农学家们,只有一

[①] 原文题目为"The Chinese Student of American Agriculture",刊于1918年4月第13卷《留学生月报》(*The Chinese Students' Monthly*),第333—340页。

小部分回国后能够继续从事农业工作。这种结果让人扼腕叹息。最主要的原因,很可能是中国农业实践与美国的农业科学之间存在着许多差异,导致在美国接受的学术训练无法应用于中国的农业生产。中国的农业生产建立在其四千年的实践和经验之上,而美国的农业科学是综合了许多其他科学逐渐发展而来的,其中最重要的科学就包括了化学、物理、工程学、微生物学、兽医学和昆虫学等。

由于缺乏完整的调查统计,导致我们无法获得当前的农业统计数据,继而导致我们的农学留学生在比较美国农业方法与中国农业模式的经济性和效率性时,常常会无从下手,或者不知所措。由于这些必要信息的缺位,关于美国的技术和方法是否适用于中国农业并获得与美国农业同样高额的利润,农学留学生们也极有可能会产生错误判断。信息的不对称可能会导致他们误入歧途,去研究一些在美国至关重要、但在中国却微不足道且不切实际的问题。同样,农业科学的实践也会因为地点和气候条件的差异而产生天壤之别。即使其他条件完全相同,在一种土壤上取得成功的方法在另一种土壤上可能会遭遇失败。因此,为了获得对中国农业实践有直接用处的知识,中国的农学留学生应该选择一个与他归国后工作地点自然环境比较相近的大学。如果想要选择一所合适的大学,从而尽可能多地获得他应该学习的内容,他必须首先弄清他归国后的工作在哪里,了解那是一个什么样的地方。没有明确目标就随机做事,这样的人极易失败。

留学生们归国后的具体去向怎样,以及如何获得那些地方的必要信息,同样是我们有待解决的问题。在中国,田野调查和实地勘探的匮乏是很大的障碍,它使这一问题非常棘手。上述信息无法获得,身在美国的中国农学留学生就像是蒙上眼睛的探索者,学业成就完全取决于未知因素。因此,我们希望国内的农业部门能够多想办法,为他们提供急需的信息。学生在求学过程中应该格外重视学习内容,可以通过美国出版物中所刊载的农业科学家们的实验和经验来获得。我们在此强烈呼吁并殷切期望所有归国的农学留学生,即使他们归国后从事的工作与最初的学习目标没有直接关系,不论规模的大小,他们都应当利用在美国学到的农业知识,从事农业试验或者农业生产。从他们身上,我们希望能够增加对美国农业院校中国留学生求学情况的了解。无论是政府官员还是亲事农耕的人,如果能帮助到美国的这些留学生,都会在中国新农业的发展史上得到高度认可并被永久铭记。最重要的是,留学生们和国内的相关人士会了解彼此的愿望,并为迎来中国新农业的极大发展而感到光荣。

二、精细农业与粗放农业

从农业的角度出发,本文接下来的内容将简要指出中美两个国家之间的显著差异,以便引起那些对美国农业知之甚少或者一无所知的人的兴趣。美国农业的特点是粗放经营,而中国农业从总体上来说是高度集约型的。在美国,一个家庭可以管理和经营160英亩(1英亩=4 046.86平方米)的农场;而在中国,一个普通农民家庭却只能依靠2英亩的土地维持生计。为了提供足够的营生,这2英亩中国土地必须要达到160英亩美国土地的总产量。因此,中国农民很难指望从这些学习粗放农业的留学生身上学到什么本事,尽管粗放农业是世界农业未来发展的一个总体趋势。

小麦是美国最常见的谷物,一直受到该国农业科学家的极大关注。在美国,每英亩小麦的平均产量为17蒲式耳(1蒲式耳小麦重约27公斤),而在美国的小麦主产地威斯康星州,小麦的产量则可以达到每英亩30~35蒲式耳。虽然我们无法计算中国小麦的全国平均产量,但在山东省土地最贫瘠的地区,小麦产量为每英亩12蒲式耳,而肥沃土地的每英亩产量则为116蒲式耳,从这一数字可以看出中国农民种植并且管理小麦的高超能力。因为所有的权威农业机构都特别强调小麦的栽种,116这一数字也许会让留学生们怀疑小麦是否是国内最应该关注的问题。人们也对玉米进行了大量研究。玉米是美国动物养殖的基础饲料,美国玉米占世界总产量的

75%，而世界玉米总产量接近40亿蒲式耳。中国在世界玉米的主要生产国名单中难觅踪影，但根据学者们的估计，中国玉米的每英亩平均产量为60～68蒲式耳，而美国的每英亩平均产量为28.2蒲式耳。

三、化肥

中美两国使用肥料的种类也决然不同。硝酸钠、过磷酸钙、氯化钾等商业化肥，中国农民一听到这些稀奇古怪的名字就会望而却步。中国人通常认为，农家肥是最好、最安全的肥料，但由于其数量稀少，很少用作追肥。中国和美国都把绿肥作物和豆类作物用作土壤改良剂，但两国对粪肥、河泥、豆饼等的利用显然缺乏任何相似性。中国农民每年向土壤中施放2.4亿吨粪肥，这里面就包含了15万吨磷酸、37.6万吨钾和115.8万吨氮。而美国农场每年损失的土壤肥力约占中国土壤肥力的四分之一。为了弥补粪肥的缺失，美国农民必须投入大量资金用于购买商业化肥；由于矿物肥料中不含腐殖质，因此不能指望矿物肥能帮助土壤保持其良好质地。中国土地自四千年前就已经开始生产粮食，现在也依旧能养活4亿人口，它的土壤肥力一直保持得很好，粪肥在其中起到的作用是毋庸置疑的。中国的水稻种植面积约为6 000万英亩，和美国小麦的种植面积大致相当，每年生产30亿蒲式耳稻米，约为美国小麦产量的3倍。研究美国农业的中国留学生可能会在这里认真考虑一下，他们中有那么多人投入大量时间研究肥料问题，是否应该为自己的选择进行辩护。

四、劳动力与机械

如果涉及劳动力问题，中美之间另一个缺乏可比性的问题同样也很突出。美国由于劳动力不足，设计和采用了各种各样的发明，以机械来代替人力。虽然机械是美国农业盈利的主导因素，但如果不顾国情差异仓促引入中国，不仅会带来不必要的破产，而且如果农民长期找不到雇主而没了活路,无疑也会引起恶性骚乱。机械最终将在中国得到大规模的推广和应用,这是必然的。在遥远的将来,所有的现代科学都将得到充分利用,各种自然资源的开发和多种产业、行业的兴起都需要大规模雇佣劳动力;按照劳动力短缺的逻辑顺序,到那时社会将会自动寻求机械设备的辅助。

当前大声呼吁采用机械设备,不会引起中国农民的注意;这种做法的倡导者不仅会发现自己没有任何吸引力,而且还会因为没有市场响应而走向破产边缘。因此,对农业机械特别感兴趣的留学生,他们将不得不承担个人风险,也会承担整个社会的风险。

批评中国农具效率低下的人也不在少数。然而,只要能够找到足够多的高效劳动力,能够适度改进生产工具,使预期产出总在可以实现的范围之内,批评也只不过是装腔作势。如果缺乏深耕工具或深层播种机,我们可以通过适度改造犁的形状和增加劳动力数量来弥补;但似乎令人沮丧的是,诸如粗放经营、矿物肥料、机械设备等对美国农业成功和盈利最重要的因素,显然现在还不是将它们引入中国的最好时机。

五、留学生的任务

即使我们的留学生尚未对美国的主要农作物进行过任何研究,他也一定听说过下列信息:给美国带来贸易收入的主要作物中,玉米每年为14.31亿美元,干草为6.81亿美元,小麦为5.9亿美元,土豆为1.87亿美元。这些粮食作物不仅为课堂学习提供了主要素材,在实际生产中也受到了美国农民的极大青睐。中国的两种主要作物,水稻和大豆却只是有偶尔提及。然而,大豆也正逐渐引起美国人的关注。如果有人企图打着改善中国农业的幌子,把美国的主要农作物引入中国以取代本土的主要农作物,这不仅是轻率的行为,而且会危害中国农业。因为经过四千年的耕作之后,中国农民已经成功地使作物适应了生长条件,同时也让生长条件适应了作物。在有了水稻之后,他们更是有了一种可以进行密集施肥的作物,即使在干旱和洪水时这一作物也能获得最大产量。

在美国学习农学的中国留学生,如果不能设计适当的方法尽快掌握中国急缺的知识,而是浑浑噩噩地打发时间,他不仅会有自我挫败感,而且一定会辜负同胞对他的期望。在选择专业的问题上,所有的留学生当然都必须有一定的认知和辨别能力,但农学留学生则需要格外地小心谨慎,需要经过反复思量才能确定一个对中国人有直接裨益的专业。中国的农业完全基于千百年来的耕种实践,科学上或者专业上的知识在这里还是一片完全的空白。

六、耕地改良

不可否认,中国的耕作方法合理并且符合自然规则,但如果应用科学上或者专业上的知识来改善土地,其效果将会更加明显,这一点没有人可以质疑。虽然中国的种子选择和轮作实践还很少,但以杂交技术改良作物和改良耕地提高产量确实值得优先考虑。

中国也从未使用过杀虫剂和杀菌剂。尽管中国在防治有害昆虫和真菌方面做了大量工作,投入了大量财力,但每年造成的农作物损失仍然约有10亿美元。如果能够精确计算出中国每年因为此类原因遭受的直接和间接经济损失,其数额一定会令世界震撼。正是在这一点上,中国的农业技术远远落后于其他国家。与世界上所有先进的农业国家相比,中国耕地的生产能力还相差不少。但只要能够抑制动植物寄生虫,作物的产出就有希望增加。因此,农学和园艺专业的留学生应该注意,在他们高年级和研究生阶段的学习课程中,一定要选择足够门数的植物病理学和昆虫学课程;同样,如果不修习家畜疾病和病原生物的相关课程,畜牧专业留学生的知识结构也难称完整。事实上,消除寄生虫对中国农业来说可谓至关重要。对于学生来说,他不可避免会偶尔做一些后来证明与他一生都无关的工作;但最重要的是,他永远不要忽视前面已经提到过的那些中国急需的知识。

正确应用新的科学知识,可以在一定程度上增加已开垦土地的收益。同样,对长期被忽视的未开垦土地进行垦荒,也极有可能获得大量的巨额财富。在中国,除了一小部分土地被用于向整个国家供应粮食以外,荒芜的土地遍及全国。随着现代科学的兴起,适当改善并利用这些荒地正逢其时。现在的各种条件均已具备,我们在修建铁路、开发资源和建立各种工业的同时,也必须让长期荒废的土地产生财富。中国拥有独特的劳动力优势,外国商人从遍地黄金的东方赚到的利润高到令人难以置信。然而,当便捷的通信手段和交通设施可以将人口均匀地分布到全国各地时,劳动力将不再廉价。目前还有一些自觉聪明的人认为中国的人口过多、过剩,他们的观点到时候一定会发生转变。

七、废弃土地利用

我们完全有理由相信,从废弃土地中获得的财富,将远远大于改良已耕种土地的收获。因此,废弃土地的改良和利用应该成为中国农学留学生的主要学习目标。在美国,有很多机会可以获取废弃土地开发利用的相关知识。留学生们可以选择多种方法,例如旱地耕作和发展各类畜牧业,使废弃土地得到再次利用。

八、在农民中推广教育

到现阶段为止,如果我们的留学生们只学会了一些书本知识,却没有找到将所学知识直接传达给中国农民的方法,那只能说明他们的学业仅仅完成了一半。美国有各种各样的方法用来在农民中普及科学知识。然而,最好、最方便的方法在中国却无法执行。在美国,农业文献常常被用来向农民传授知识,以及沟通问题和提供答案。中国的情形恰恰相反。如果不扫除文盲,文献对中国农民来说就没有丝毫用处。最可笑的是,中国的知识分子嘲笑农民的无知,农民在解决自己生计的同时还不让知识分子挨饿,而知识分子虽然自称聪明，却不知道如何使农民摆脱文盲的奴役。图解图片、田野演示、集会宣讲将在中国的扫盲和知识传播过程中发挥巨大的作用。然而，此类方法成本不低，不能长期采用。扫盲的最终目标是让农民能够阅读基本的书目文献。如果因为文字读写额外困难，中国农民不能像其他农业发达国家的农民那样，花费同样的精力来学习书本知识，那么中国就很难参与世界农业市场的竞争。规划农民的扫盲及读书是教育家的责任，但农学留学生们同样也责无旁贷。

最后，本文的主张可以简要概括如下：留学生的身份和工作性质，决定了他们在学业中必须满足国内经济的迫切需要。在美国大学的学习期间，留学生们对特定科学的偏好和兴趣，并不总是能得到国内的正确认识，有时候他们的所学会被误认为对当今的中国没有任何用处。在必要时，留学生们需要做出必要的牺牲，使其学业能够适应国内的实际情况。

作者简介

D.Hoe Lee 美国俄亥俄州立大学的中国留学生，其中国姓名暂时无法查证。

孟妹舍 西北农林科技大学经济管理学院本科生。

邓凤鸣 西北农林科技大学语言文化学院本科生。

茶叶的一般及药用价值[①]

约翰·考克利·莱瑟姆 著　　孟庆波 译

译者前言　西方人对茶叶的认识,沉淀成一部知识史。除却且行且近的真实,这部知识史中也有许多光怪陆离的想象、道听途说的传闻与有意无意的讹误。本篇《茶叶的一般及药用价值》及下篇《茶叶初传荷兰考》两篇译文忠实地向国内学界再现了西方人对东方茶叶的早期认识,译者注中所引的材料也大多源自与原文同时代的期刊与著述,但其中的说法并不代表译者的认知与价值判断。

在讲完茶果的结构后,莱瑟姆博士在演讲中说道,自然界的茶树只有一

---

① 译者注:原文"A Lecture on the Natural and Medicinal Use of Tea"刊载于1813年7月31日出版的《贝尔法斯特月报》(*The Belfast Monthly Magazine*)第11卷第60期,第39—41页。该文在英国影响巨大,大约在同一时间,《医学及物理杂志》(*The Medical and Physical Journal*,1813年第29卷第170期,第336—339页)、《哲学杂志:涵盖科学、人文及艺术、地质、农业、制造业和商业等多种领域》(*The Philosophical Magazine: Comprehending the various branches of science, the liberal and fine arts, geology, agriculture, manufactures and commerce*,1813年第41卷,第229—232页)以及《商人及贸易杂志》(*The Tradesman or Commercial Magazine*,第二系,1813年第11卷,第104—107页)等多种期刊均对之进行了全文转载。

种,而绿茶与红茶①的区别取决于土壤性质、栽种方法和烘焙方式。约翰·希尔爵士②曾仔细观察花冠中花瓣的数量,发现绿茶有九个花瓣,而红茶只有六个花瓣,故而将绿茶和红茶描述为不同的品种。他将这一观点传达给了林奈③,后者采纳了这个错误的说法。但根据林奈给莱瑟姆博士的信件,他后来根据亲身经验纠正了这一错误。

至少有上百位研究者已经探讨过茶叶的问题,但其中许多人却从未见过茶树。据我们所知,茶树仅在中国和日本有所栽种。因此我们可以合理地推断出中国或日本乃是茶树的原产地(也有可能两者都是);在这两个国家的许多地方,这种苦涩难咽的茶水同样也极有可能首先被用于腌制食物。16世纪初,荷兰东印度公司首次将茶叶引入欧洲;1666年,阿灵顿勋爵和奥索里勋爵把茶叶从荷兰带到英国。

根据恩格尔伯特·坎普弗④的记录,茶树能够适应各种土壤,零星生长在稻田和玉米地的四周,不需要专门的种植园或田地;每个茶果内通常有6~12颗茶籽;在播种时,要把这些茶籽埋到4~5英寸(1英寸=2.54厘米)深的种植穴里,种植穴要保持一定间距。因为茶籽内含大量油脂,而这些油脂一旦变质就会导致种子无法发芽,所以每个种植穴内必须要投放多粒茶籽。茶籽出芽后就自行生长,不再需要人为照管。前两年最好不要采摘茶叶。到第七个年头,茶树已有一人高,但此时茶树已经叶子稀疏、产茶量降

---

① 译者注:英国人称最好的红茶为"Bohea Tea"(武夷茶),"Bohea"为武夷的闽南语发音。

② 译者注:约翰·希尔(John Hill,1706—1755),英国作家和植物学家,1774年被瑞典国王古斯塔夫三世授予瓦萨勋章爵士(Knight of the Order of Vasa)。他在植物学领域的代表作是注图版《蔬菜系统》(*The Vegetable System*),此书是最先使用林奈植物命名法的著作之一。

③ 译者注:林奈(Carl Linnaeus,1707—1778),瑞典植物学家、动物学家和医生,动植物双名命名法(binomial nomenclature)的创立者。为纪念他对动植物分类研究的贡献,1788年伦敦建立了林奈学会。

④ 译者注:恩格尔伯特·坎普弗(Engelbert Kaempfer,1651—1716),德国博物学家、探险家,1683—1693年曾到俄国、波斯、印度、东南亚和日本进行考察,1690—1692年在长崎出岛的荷兰医馆担任医师。著有《回国奇观》(*Amoenitatum Exoticarum*)、《日本志》(*History of Japan*)等著作,其中《回国奇观》的第3篇记载了日本的茶叶,第5篇描述了日本的其他植物。

低,人们就会修剪茶树直至只剩树干,而来年树干上又会生出大量嫩芽。茶树喜阳,尤其喜欢生长于谷坡或者河岸之地;因为耐寒耐热性极强,在北至北京南至广州的广大区域内都有种植。在恩格尔伯特·坎普弗的书中,他也提到了采茶的季节和采摘方式,介绍了日本的茶叶配制和用药方法。

关于茶叶的种类,莱瑟姆博士在演讲中列举了三种绿茶:第一种是明茶①、元茶②及花茶③;第二种是我们熟知的熙春茶④,这个名字来源于首先将其进口到欧洲的东印度公司商人⑤;第三种是松萝茶⑥,它的名称来源于

---

① 译者注:原文为"bing",此译法参见乔治·范·德瑞姆(George L. van Driem)的《茶叶的故事——从史前到现在的茶史》(*The Tale of Tea : A Comprehensive History of Tea from Prehistoric Times to the Present Day*. Leiden: Brill, 2019),第 450 页。范岱克(Paul A. Van Dyke)在《广州及澳门商人:18 世纪中外贸易史上的成与败》(*Merchants of Canton and Macao: Success and Failure in Eighteenth-Century Chinese Trade*. Hong Kong University Press, 2016)第 xliii 页将其译为"坪茶"。刘勇在《清代一口通商时期西方贸易公司在华茶叶采购探析》(载《中国经济史研究》2017 年第 1 期,第 96—114 页)一文中将此处"Bing tea"与下面的"Imperial tea"等同视为贡绿茶,即俗称的贡熙茶。

② 译者注:原文为"imperial",此译法参见邝其照《华英字典》(*An English and Chinese Dictionary*,上海别发洋行 1887 年版),第 521 页;又见黄少琼《字典汇选集成》(*An English and Chinese Dictionary*. Hong Kong: MAN YU Tong, 1895),第 144 页。丹尼士(Nicholas B. Dennys, 1839—1900)将其译为"圆珠茶",见《初学阶》(*A Handbook of the Canton Vernacular of the Chinese Language*. Hong Kong: China Mail Office, 1874),第 187 页;此译法也见于范岱克《广州及澳门商人:18 世纪中外贸易史上的成与败》一书,第 xliii 页。郭逻贵在《通商须知》(*Useful Manual for the Use of Traders in China*,香港文裕堂 1899 年)中将其写为"元珠茶"(见该书第二部分,《杂字撮要》第 258 页)。

③ 译者注:原文为"bloom",此译法参见郭卫东《转折:以早期中英关系和〈南京条约〉为考察中心》,河北人民出版社,2003 年,第 72 页。

④ 译者注:原文为"hytiann, hi-kiong or hayssuen, known to us by the name of hyson"。hytiann、hi-kiong 及 hayssuen 均是 hyson 的其他标音方式,此解释参见《新的家庭草药:对医学、饮食和艺术中各种植物性质和特征的一般描述》(*A New Family Herbal: Or Popular Account of the Natures and Properties of the Various Plants Used in Medicine, Diet and the Arts*. London: Richard Phillips, 1810),第 218 页;《帝国杂志——宗教、道德和哲学知识纲要》(*The Imperial Magazine, or Compendium of Religious, Moral, and Philosophical Knowledge*. London: Caxton Press, 1826),第 941 页;《伦敦百科全书》(*Encyclopaedia Londinensis, or, universal dictionary of arts, sciences, and literature*. London: G. Jones, 1828),第 930 页。

⑤ 译者注:部分西方文献,如《中国茶叶大全》(Kit Chow and Ione Kramer. *All the Tea in China*. San Francisco: China Books and Periodicals Inc., 1990,第 181 页)等,称熙春茶因东印度公司商人 Phillip Hyson 率先将该茶进口到英国而得名。

⑥ 译者注:原文为"singlo or songlo"。

产地。莱瑟姆也列举了几种红茶,第一种是小种①;第二种是滇红②,以其产地命名;第三种是工夫茶③;第四种是白毫④;第五种是最常见的武夷红茶⑤。

莱瑟姆博士也提到了其他种类的茶叶,它们或为球状,或为条状。他曾经把能买到的各种绿茶和红茶都泡在一起,待泡开后把不同的叶子在纸上展开,比较叶片的大小和质地,想以此确定它们的年份。他发现绿茶和红茶的叶子大小相同,纤维程度也一样。这使他怀疑绿茶与红茶的根本差异不在于年份,而是另有其他因素。

亚洲人喜欢在茶中加入香料,以此增添风味。这种香料的花瓣经常出现在中国的出口茶叶中。因为茶叶只有存放一年之后其催眠特性才会减弱,所以莱瑟姆博士观察到中国人和日本人从来都不会冲泡当年的新茶。他们喝茶时也从不加糖块或者牛奶。

莱瑟姆博士接下来讲述茶叶的药用历史。欧洲茶叶均是从国外进口,而贸易过程中没有太大风险和额外费用,所以其饮用之风几乎遍及各地。除去茶叶的商业价值之外,人们很自然也会关注它的一般和药用历史。事实上,如这位博学的会长⑥所说,关于茶叶的演讲或著作已经连篇累牍,足以证明人们对于茶叶非常重视;但涉及茶叶的药用特性,人们则大多语焉不

---

① 译者注:原文为"soochuan or sutchong",提到中国人也将其读成"s-aaty-ang,sact-chaon 或 su-tyann"。

② 译者注:原文为"cambo or soumlo"。此译法参考了《茶叶及配茶》(*Tea and Tea Blending*.London:Eden Fisher & Co.,1887)第 29 页、《克罗斯比商业及贸易袖珍词典》(*Crosby's Merchant's and Tradesman's Pocket Dictionary*.London:B.Crosby and Co.Stationers' Court,1808)第 426 页、《商业大辞典》(*A General Commercial Dictionary*.London:Longman, Hurst, Rees, Orme and Brown,1819)第 947 页,其中明确说到此茶以省份命名。

③ 译者注:原文为"cong-fou,congo or bong-fo"。

④ 译者注:原文为"pekao,pecko or pekoe"。

⑤ 译者注:原文为"Moji"。据《美国最高法院辩论和判决案件报告》(*Reports of Cases Argued and Adjudged in the Supreme Court of the United States*.New York:R.Ronaldson,1824)第 435 页、《帝国杂志——宗教、道德和哲学知识纲要》(*The Imperial Magazine*,or *Compendium of Religious*,*Moral*,*and Philosophical Knowledge*.London:Caxton Press,1826)第 942 页和《卫理会公报》(*The Methodist Magazine*)1826 年第 10 卷第 76 页,"Moji"有时候也被标为"Moee",即武夷。

⑥ 译者注:莱瑟姆博士发表这篇演讲时,正担任伦敦哲学学会的会长。

详。莱瑟姆研究了近百位作者,但他获得的相关信息十分寥寥;在一个用假设代替实验、用理论代替事实的时代,似乎这些切实信息更难产生。缺乏可靠的数据,所得出的推论极易出错或者含糊不清。这一情形促使莱瑟姆博士重视实验手段,他也建立了关于理性判断和客观阐释的相关准则。莱瑟姆博士正是从大量实验中发现,茶的镇静和舒缓作用似乎很大程度上取决于茶叶的芳香气味。绿茶的这一特点最为明显,尤其是茶水浓郁之时。中国人的做法似乎也印证了这一点,他们最近发现茶叶具有催眠、迷醉的作用,因此避免使用保存期不足一年的这种植物。

莱瑟姆博士反对喝热茶的饮用方法,甚至还援引了佩尔·卡姆①教授在《北美游记》中的事例来支持他的观点②。他做了如下总结:"从实验结果中,我们可以清楚地看到喝茶产生的不同效果,以及这些效果到底取决于茶叶的哪些品质。可以推断,当使用优质绿茶时,其麻醉效应消除了它们的涩感;对于体质虚弱的饮茶者,它们还可能会产生弱化体质及其他伤害性后果,如哆嗦、气喘、胃痛、消化不良等,并伴有发炎、头痛和各种神经症状。如此体质的人如果晚上喝茶,就需要有人看护,本人也会因缺乏睡眠产生生理不适。由此我们联想到一个问题:这种异国饮品的口感、气味和镇静功效是否在某种程度上也能够引发麻痹和中风?"

莱瑟姆博士也总结道:"绿茶和红茶都略带涩味。绿茶具有镇静和提神的作用,而红茶中单宁的成分较多,它的舒缓效果就略显微弱;尽管如此,将二者按照一定比例进行混合,同样可以对神经系统产生有益的影响。正如旅行家们经常提到的,绿茶和红茶无论是单独饮用还是混合饮用,都能给人

---

① 译者注:佩尔·卡姆(Pehr Kalm,1716—1779),也称为 Peter Kalm,芬兰探险家、植物学家,林奈最重要的门徒之一。1747 年,佩尔·卡姆受瑞典皇家科学院委托前往北美殖民地搜集种子和植物。他把北美的旅行记录整理成《北美游记》(Travels into North America)出版,该书后来被翻译成多种欧洲语言。

② 译者注:根据《北美游记》第一卷第 283—284 页的记录,有部分来到北美的欧洲女性因为在这里习惯吃热食、喝热饮而导致牙齿过早脱落。

一种轻松振奋的感觉。人们在身体疲惫和精神劳累之时，都可以在茶中找到平静和愉悦。"

作者简介

约翰·考克利·莱瑟姆（John Coakley Lettsom，1744—1815） 英国医生、植物学家和慈善家，1769年6月以一篇茶叶种植史研究的论文《茶的博物志：茶的药用价值及饮茶的效用》（The Natural History of the Tea-tree: With Observations on the Medical Qualities of Tea, and Effects of Tea-drinking）获荷兰莱顿大学医学博士学位。莱瑟姆回英国后于1773年创立了伦敦医学会，同年当选为美国艺术与科学院（American Academy of Arts and Sciences）院士，1812年担任伦敦哲学学会会长。

孟庆波 燕山大学外国语学院副教授，燕山大学燕山学者。

中外文化的交流与互动

茶叶初传荷兰考[①]

施古德　著　刘彩艳　译

在为贝勒博士《欧洲人发现中国植物的历史》[②]所写的评论文章[③]中，我曾判断茶叶传入荷兰的年份为1650年。

[①] 译者注：原文"First Introduction of Tea into Holland"刊载于世界汉学权威刊物《通报》(*T'oung Pao*)第2系1900年第1卷第5期，第468—472页。此文发表后，被《1899—1902年的汉学研究》(Henri Cordier. Les études chinoises, 1899—1902. *T'oung Pao*, 1903: 23-52)、《茶叶全书》(William Harrison Ukers. *All about Tea*. New York: Tea and coffee trade journal Company, 1935)、《中国与西方, 18世纪广州的对外贸易》(Louis Dermigny. *La Chine et l'Occident : le Commerce à Canton au XVIIIe Siècle*. Paris: S.E.V.P.E.N., 1964)、《奇妙的邂逅：18世纪的航海旅行、博物考察和知识制造》(Adriana Craciun and Mary Terrall. *Curious Encounters: Voyaging, Collecting, and Making Knowledge in the Long Eighteenth Century*. Toronto: University of Toronto Press, 2019)等各时代权威论文或著述引用。

[②] 译者注：贝勒(Emil Bretschneider, 1833—1901)，俄罗斯汉学家，1866年来华，是俄国驻华外交公使馆的第一位医生。他广泛考察中国植物，撰写了《中国植物志》(Botanicon Sinicum: *Notes on Chinese Botany From Native and Western Sources*. London: Trübner & Company, 1882—1895)等很多有关中国植物研究的汉学权威著述。《欧洲人发现中国植物的历史》原著为 *History of European Botanical Discoveries in China*. (London: Sampson Low, Marston and Co., 1898.)

[③] 译者注：History of European Botanical Discoveries in China by E. Bretschneider. *T'oung Pao*, 1899, Vol.10, No.1(1899): 81-86.

感谢海牙鲁法尔①先生的热心研究,我现在可以为茶叶初传荷兰的年代提供更加丰富的信息。

根据荷兰国家档案馆副馆员科伦布兰德②先生写给鲁法尔先生的一封长信,1650—1651年间曾有一批日本茶叶进口到阿姆斯特丹,当时标记为"Thia"(日语对汉字"茶"的读音)。科伦布兰德先生评论说,这不一定是茶传入荷兰的首次记录。而事实上,在1637年1月2日由东印度公司17名董事写给荷属东印度总督的一封联名信中,他们提到,随着茶逐渐走进人们的生活,很快所有的航船上面都会有几罐中国或日本茶叶。

法兰索斯·卡隆③曾在1638—1641年担任长崎一家工厂的负责人。根据他在书中对日本的描述,日本人似乎把茶存放在罐子里,然后把罐口紧紧密封。想要喝茶的时候,他们会把茶叶在一种石磨工具里磨碎,然后捏一小撮茶叶粉末放进石杯,倒入开水,用刷子④搅拌,直到杯中之水变成绿色,之后就可以趁热喝下了。在这里,人们普遍认为晚上喝浓茶对于养生大有裨益。穷人中间甚至有这么一种说法:"常喝好茶,百病不侵"⑤。

---

① 译者注:鲁法尔(G.P.Rouffaer,1860—1928),曾就职于荷兰东印度公司,在东南亚展开过有关蜡染技术的传播等多种科学研究,著有《印度民族学的新方法》(*Nieuwe wegen voor Indische volkenkunde*.Amsterdam:Stichting de Gids,1904)等书。

② 译者注:科伦布兰德(H.T.Colenbrander,1871—1945),荷兰历史学家,惠更斯荷兰历史研究所(初名帝国历史出版咨询委员会,Commissie van Advies voor de's Rijks Geschiedkundige Publicatien)首任所长,1908年当选为荷兰皇家艺术与科学学院院士。

③ 译者注:法兰索斯·卡隆(François Caron,1600—1673),曾先后担任荷属东印度公司和法属东印度公司的殖民长官,留居日本二十年,是最早活动于日本的法国人。

④ 译者注:原文为"brush"。

⑤ 原文注:鲁法尔先生认为,这一说法远在1645或1646年就已经见诸出版物,在《兴衰史》(*Begin ende Voortgang*)第2卷第21篇De Jonge文中有所引用。译者注:此处De Jonge指的是荷兰海军上将康纳利斯·马特利夫(Cornelis Matelief de Jonge,1569—1632)。1605—1608年,他曾发动针对葡萄牙殖民势力的马六甲海战,著有《1605—1608年东印度之航》(Voiage de Corneille Matelief Le Jeune aux Indes Orientales en qualité d'Amiral d'onze vaisseaux, pendant les Années 1605,1606,1607.& 1608)。此文1608年在鹿特丹首次发表,1645年被康姆林(Issac Commelin,1598—1676)收入《荷兰东印度公司兴衰史》(*Begin ende Voortgangh van de Vereenighde Nederlantsche Geoctroyeerde Oost-Indische Compagnie*)一书。

根据科伦布兰德先生的研究,到了 1667 年,荷兰的茶叶进口已经初具规模。在该年 1 月 25 日荷属东印度公司总督的一份咨文中写道:"与去年一样,我们不顾福建①代理商的意愿,强制他们收购了相当数量的茶叶。茶叶无法在这里(即印度)售罄,我们已决定将其中很大一部分运到祖国"。科伦布兰德先生认为,上述记录并不排除还有另外一种可能,即在更早之前,茶叶已经作为奇珍异产被带到了荷兰。

但是茶叶的早期销量似乎不大,这一推论可参考 1668 年 4 月 24 日 17 位公司董事的决议:"此后来自印度的钻石、珍珠、茶叶或其他类似物品,在交付西兰分部或其他四个分部(数量一般较少)后②,必须于一年内在阿姆斯特丹的拍卖会上公开出售,以此培育更大的买家群体并实现更高的市场价格。"

茶叶没有出现在 1670 年荷属东印度公司的货物订单中,直到 1685 年公司才对之产生了足够的兴趣。在 1685 年 4 月 6 日 17 位董事写给荷属东印度总督的联名信中,他们说道:"现在市场上出现了大量的私人进口茶叶,它们在社会上广泛流传并进入上层显贵人士的社交生活。这些茶叶被装在各式容器里大量进口,一路通关,畅行无阻。我们决定此后要将茶叶视为一种商品,由公司垄断经营。在此之后,不论寄付对象是什么人、用作何种用途(即使是作为内料),任何茶叶一经发现即当场没收或处以罚金。出于上述考虑,我们已经决定将本公司近期的茶叶订货量提升至两万磅。因为茶叶会年久变质而变得一文不值,我们要求所有进口的茶叶应该保证种类优良、品质新鲜,并且按照合同约定的方式进行规范包装。"

尼古拉斯·杜尔博士在其 1641 年的著作《医学观察》③中对茶叶有所

---

① 译者注:原文为"Hoccien",为"Hokkien"的另一种标音方式,原文注释也有"Fuh-kian in China"。

② 译者注:荷属东印度公司设立六个地区分部,西兰分部是其中之一。

③ 译者注:尼古拉斯·杜尔(Nicolaes Tulp,1593—1674),荷兰解剖学家,1641 年出版著作《医学观察》(*Observationes Medicae*)。在该书中,杜尔称茶叶的药用价值"无与伦比"。(Nothing is comparable to this plant.)

提及。由此可见,荷兰人对茶叶的了解应该远在1667年之前。

人们普遍认为,是阿灵顿①和奥索里②两位勋爵在1666年首次将茶叶从荷兰引入不列颠③。但英国作家第一次提到茶叶,却出现于塞缪尔·佩皮斯④的1660年9月25日的日记中。1660年,英国议会批准对茶叶进行征税;但迟至1669年,英国东印度公司才首次进口茶叶⑤。

鲁法尔先生还为我抄写了一张1650年12月10日共11艘回航船只的提货单,以及自巴达维亚启航的另一艘船在1651年1月19日的提货单,上面写道:"日本茶叶5盒,共22市斤,包装尺寸为89-9-13。"

然而,令人感到奇怪的是,长期活动于东南亚的奥尔塔⑥博士在他1563年的著作《印度的草药和药物》⑦中,没有提到葡语中使用至今的"cha"⑧。

迈耶在他的《百科词典》⑨中说,中国茶于1635年被带到巴黎,然后通过陆路在1638年到达俄罗斯(但他没有为这一说法提供来源出处)。所以也有可能是一些法国天主教传教士将茶叶送到了法国,然后茶叶从那里又传到了荷兰。

---

① 译者注:此期担任阿灵顿勋爵(Lord Arlington)的是 Henry Bennet(1616—1685)。
② 译者注:此期担任奥索里勋爵(Lord Ossory)的是 Thomas Butler(1634—1680)。
③ 原文注:Note,p.26,of Report of the Old Records of the India Office,by Sir George Birdwood.London,1891,8vo.
④ 译者注:塞缪尔·佩皮斯(Samuel Pepys,1633—1703),英国17世纪作家和政治家,1659—1669年间以日记的形式完整记录了生活和工作中的见闻琐事,全面展示了17世纪英国的社会和生活风貌,他的日记是英国重要的历史文献。
⑤ 原文注:Macpherson,History of European commerce with India,p.128-129.
⑥ 译者注:加西亚·德·奥尔塔(Garcia da Orta,1501—1568),葡萄牙文艺复兴时期的医生、草药学家和博物学家,是热带医学、生药学和民族植物学的先驱,主要在印度的果阿工作。
⑦ 原文注:Colóquios dos simples e drogas he cousas medicinais da Índia.Goa:Joannes,1563.
⑧ 原文注:Rouffaer in Bijdr.Kon.Instituut 6,VI,1899,p.578.
⑨ 译者注:迈耶(Joseph Meyer,1796—1856),《迈耶百科词典》(Conversations Lexicon)的编纂者和出版商。该词典1839—1852年出版46卷,1840—1855年补编6卷,1971—1979年出版第9版25卷。

作者简介

施古德（Gustaaf Schlegel，1840—1903）　又译施莱格、薛力赫，荷兰汉学家及博物学家。施古德1858年以荷兰政府翻译学生身份来华，回国后在莱顿大学担任汉学教授，与法国汉学家高第（Henri Cordier，1849—1925）共同创办《通报》，著有《天地会：中国和荷属印度华人中的秘密会社》（*Thian-ti-hwui：The Hung League or Heaven-earth-league：A Secret Society with the Chinese in China and India*，1866）、《中国娼妓考》（*Lets over de Prostitutie in China*，1866）、《星辰考原》（*Uranographic Chinoise*，1875）等著作，并编有一部《荷华文语类参》（*Nederlandsch-Chineesch Woordenboek met de Transcriptle der Chineesche Karakters in het Tsiang-tsiu Dialekt*，1886）。

刘彩艳　燕山大学外国语学院教师。

我们与中国的贸易[①]

华盛顿·福特 著　吴昀珊 译

几个世纪以来,美国同东方的工商业贸易一直都存在着某些问题。六百年来,通过商业公司、垄断集团的经营和远距离的官方外交,外部世界与中国的贸易已经形成了一种固化模式。这种模式自形成之日起,就像人们的生活习惯一样惯性巨大。长久以来,除了贸易体量有所增加以外,东方贸易的性质和结构从未发生显著改变。中国贸易所历经的变化与其自身经济的发展关联不大,而与其他国家的进步与工业发展密切相关。作为17世纪东印度公司贸易的主要产品,时至今日茶叶和丝绸仍然在中国对外贸易的商品中处于主导地位,通常占据总出口量的一半以上。受外国的影响,其他亚洲国家纷纷改变了自身的生产模式从而导致了贸易变化,而中国却仍岿然不动。因此,中国贸易仅仅能够反映其外国消费群体在不断地增长财富。在19世纪的今天,这种情况令人费解,也让中国长期以来贴上了封闭落后和保守顽固的标签。

[①] 原文"Our Trade with China"刊载于1895年1月《北美评论》(*The North American Review*),第160卷第458期,第63—71页。

市场的自由程度是衡量生产力竞争的最佳标准。一个好的自由市场,应该既没有歧视性关税,也没有商业活动的阻碍。伦敦就是这样一个自由市场。它提供了一种方法,可以粗略地衡量某种品质相当的各国商品的销售差异。这种商品就是茶叶。根据伦敦的法律,无论从哪个国家进口茶叶,英国关税都是统一的4便士。中国、英属殖民地的印度和锡兰是英国茶叶最主要的供应来源地。1893年,产自上述各地的茶叶进口总量约为2.495 464 51亿磅,其中1.940 723 53亿磅来自英属殖民地。而这些进口茶叶中,有2.080 980 04亿磅流入英国的消费市场。

如果我们回顾英国近十年来的茶叶进口,会发现一种十分奇特的现象。

1884年至1893年,英国从英属印度的茶叶进口量增加了4 493.6万磅,增幅达71%;从锡兰的茶叶进口量为6 199.7万磅,增幅达2 804%。而来自中国的茶叶进口量却减少了1.117 11亿磅,降幅达77%。

英属印度的茶叶对于中国茶叶的市场挤占并不是由于价格上的优势。根据英国委员会发布的统计数据,1883年印度茶叶的进口价格为15便士,而中国茶叶为11.4便士,与之相差24%;1892年印度茶叶的进口价格为10.3便士,而中国茶叶为8.7便士,相差了15.5%。这种价格差异应该对中国商品有利。据估计,全世界每年的茶叶消费量约为4.43亿磅,其中约有一半的茶叶是由英属印度提供的。在似乎并不鼓励经济竞争的时代,这种出口商品间的竞争不仅出现了,而且事实上还取得了很好的效应。这种竞争代表着一种希望,比糖类作物中甜菜与甘蔗的竞争更大的希望。在糖类作物的竞争中,补贴作为一种辅助手段曾起到过刺激作用,使欧洲农民(主要种植甜菜)能够与西印度群岛的廉价劳动力(主要种植甘蔗)共同争夺市场。

近年来,中国还有一种产品在对美贸易的利润中占有一席之地,那就是羊毛。1893年,美国从中国进口了2 074.468 9万磅羊毛,价值为

181.142 7万美元。羊毛进口量首次超过100万磅是在1884年。自那年以后,美国的中国羊毛进口量迅速增长,1884年进口量为103.7万磅;1889年进口量达574.5万磅;1891年进口量达 1 062.4万磅;1893年甚至高达2 074.5万磅。可以说,美国几乎收购了中国北部省份所有的出口羊毛。价格通常代表着一切。1893年,中国海关对这种羊毛的平均估价为每磅6.6美分,从一个侧面说明这种羊毛的等级很低,低到只能生产廉价地毯。这种羊毛主要产自蒙古、甘肃以及藏北地区,由驼队运输,未经分拣和包装,混合了不少尘土和沙子。与之相对的另外一种羊毛球,通常产自智利。那里的人们从羊背上用宽大的梳子将羊毛梳理下来,然后再搓捻成球。还有一种羊毛圈也很常见。人们为了便于将羊毛运送到海边而将其编成线圈。我们很难想象中国能够在相对原始的条件下生产出高品质的羊毛,进而能够在世界市场的激烈竞争中脱颖而出。与中国的羊毛贸易之所以能够持续,仅仅因为美国对羊毛有着天量需求而其他产地供应不足。其他市场都不认可中国的未加工羊毛,这些未加工羊毛却在美国的羊毛市场能找到销路,这引起了一些议论。有些政客认为美国过于依赖羊毛,已经成为羊毛的俘虏。

美国市场将上等毛料排除在外,对于各东方小国、中国、俄罗斯、土耳其以及阿根廷这些盛产低等羊毛的国家地区来说,简直就是一种绝佳的机遇。如今,美国的制造商们已经有条件对其所用的羊毛进行筛选,这些廉价羊毛还能否在美国的市场找到出路,就成了大问题。面对这种不利的情况,中国极可能会去尝试改良羊的品种。几年前,就有一批美利奴羊被运到蒙古;不久之后,纽约海关就发现从中国进口的羊毛质量有所改善,他们曾去函询问这种高等级的美利奴羊毛是否从天津出口。如果这种做法真能够得以实现并且推广,中国羊毛在商业上的地位将与英属印度小麦的情形几乎相同。作为一种出口产品,它们不会在本地进行售卖;如果质量上乘,它们将会成为美国市场的畅销产品。

与其他更加文明开化、采用更加现代化生产方式的民族相比,我们看到中国人在这方面显得力不从心,这令我们感到非常遗憾和担忧。中国茶叶正在被英属印度和锡兰的茶叶所取代;中国的丝绸正在被日本和意大利的丝绸挤出美国市场;美国从中国进口的大米正在逐年减少。这使我们有充分的理由相信,中国羊毛在美国市场的前景也极有可能变得暗淡。当美国对中国产品的需求下降时,来自其他国家品质更加高端的产品就弥补了这一空缺。

在美国的对华出口中,石油是最重要的。1870年,出口到中国和新加坡的精炼石油为47.018 7万加仑,价值14.239 9万美元;1894年的出口量为4 037.729 6万加仑,价值243.579 4万美元;去年对中国的石油总出口额为586.182 8万美元。由此可见石油在中美贸易中的重要性。在石油出口这一领域,我们遇到了来自俄罗斯的竞争。1889年,中国海关的报表首次对美俄两国的石油进行了区分。数据显示,那一年美国石油的进口量为1 500万加仑,而俄罗斯石油的进口量为565.574 1万加仑。1893年,中国从美国进口的石油增至3 672.038 2万加仑,从俄罗斯进口的石油增至1 328.619 8万加仑。尽管在质量上与美国石油有着明显差别,但俄罗斯石油仍在中国市场站稳了脚跟。对于俄罗斯石油来说,一方面是价格上存在着差异,另一方面质量上的差异也是一个重要因素。中国1893年的石油进口比1892年增加了947.3万加仑,从另一个侧面说明了这个市场的竞争有多么激烈。当年,美国和俄罗斯分别贡献了483.6万加仑和463.7万加仑的增量。在不久的将来,这种竞争将变得更加激烈。俄罗斯计划用油轮将其石油大量运输到上海和其他港口,用油罐存储并售卖供应。这一工程即将完成。

美国向中国出口的其他大宗商品只有两种——棉布和人参。1870年,我们出口了 163.168 万码彩色棉布和 44.248 2 万码素色棉布,总价值为 31.408 7万美元;1894 年,素色棉布的出口量达到了 5 045.834 9 万码,价值 277.206 5 万美元。当年彩色棉布的出口太少,已经不值一提。1894 年的数字并不是最高的;1891 年才是最辉煌的一年,其出口额高达 8 067.424 6 万码。但是,无论这些数字在我们心中能够激起多大的狂喜,当我们看到英国的出口额时,这种喜悦就会被立刻浇灭。1893 年,英国的对华出口额为 3.654 059亿码,价值超过 1 800 万美元;1890 年,英国的出口量超过 5.7 亿码,是美国最高出口量的 7 倍还要多。美国是棉花的主要生产国,拥有最先进的机器和几乎取之不尽的熟练劳动力,拥有和其他国家一样低成本的便捷运输。但奇怪的是,我们对中国的棉花市场并没有取得更大的份额和控制权。在对中国的棉花贸易中,英属印度是美国的最主要对手,而中国本土开办的纺织厂又带来了新的干扰。最新一期的中国海关报告称:"种种迹象表明,从北部湾一直到重庆,众多港口纷纷考虑兴建棉纺厂,而且很多地方已经开展行动。一个拥有丰富劳动力的中国涉足纺织业,在西方世界引起了一些忧虑。如果中国与西方发生商业竞争,当它将廉价的熟练工人引入纺织业与欧美薪酬高昂的同行竞争时,这种影响将会变得更加强烈,而且能比中国将其劳动力直接输出海外引起更大的恐慌。"

如果以出口数据来衡量,这种可能性得到了中国棉花产量的佐证。1876 年,中国出口了 573 万磅棉花;1893 年,其出口量增长到 7 682 万磅。

石油和棉花这两种产品在美国对中国出口总额的 580 万美元中,占到了 520.7 万美元。其余部分由其他商品构成,因其数量太小,没有一种商品值得仔细研究。我们把一种其他国家没有对华出口的商品——人参,运往中国香港。1893 年其出口额为 79.292 8 万美元,大致为 25.120 5 万镑;1894 年的出口量略少,为 19.4 万磅,价值 61 万美元。正是中国本地人参的供不应求,为美国人参的出口打开了大门。但是,中国如果进行大规模的人参种植,对我们的需求将会停止。这就是我们对中国的出口贸易。就棉花和石油这两种主要产品而言,我们出口增长和扩展的机会几乎是无限的。石油正在取代中国本土的种子油。除非出现政治波动,这种日益增长的需求将被美国和俄罗斯的石油产业瓜分。这种政治波动并非没有可能,因为中国政府曾不止一次威胁要禁止美国石油的进口,以回击我们对待中国人的某些不当举措。考虑到利润颇丰的贸易近几年正持续高涨,这种禁令可能会显得不可思议;但毫无疑问,它对我们的产品出口将会形成重大打击,而这种打击又将有利于我们的竞争对手——俄罗斯。从长远来看,我们对东方国家采取友好态度是大有裨益的。

有一种情况必须记住,那就是中国实际上愿意断绝与外国的贸易,即使做不到完全断绝,至少也要部分断绝。因此,在任何商业竞争中,中国都处于有利地位,因为停止贸易对英国和美国造成的伤害要比中国所遭受的伤害大得多。在复杂的现代商业中,特别是当贸易涉及少数商品的大规模交易时,所涉及的利益是高度敏感的,并且让人更强烈地感受到限制性和危险性。我们与中国的贸易就是这样。如果中国方面出台贸易禁令,或者他们因战争等不可抗力中断茶叶和丝绸的出口,将导致美国的对应市场出现暂时混乱。假设中国禁止从美国进口石油,那将直接影响美国石油企业的利益,并间接影响所有相关产业。因此,我们不能报复中国及中国产品,或者企图突破中国的禁令,也不能制定任何针对中国的区别性或歧视性关税制度。美国方面禁止中国产品,将被证明是极其愚蠢的做法。因为在事实上,中美间的大量贸易是经由其他国家进行的,在这个转口过程中,货物往往不再标记其中国原产地的身份。

中国与其他国家的差异非常大,难以在生产上形成真正的竞争。我们想象一下,如果一个国家被划分为19个省,每个省都有自己的贸易条例,而官员们管理贸易的目的不是运营维护而是敲诈勒索;这些省没有铁路,只能依靠纵横交错的运河系统;邮政系统只有马车和差役;各个省都有自己的货币制度；他们的人口以从事农业生产为主，没有机械，也不具备现代农业的相关知识；由于经济水平有限，人们对物质的需求极小因而很容易得到满足，很少有追求高端奢华的人出现；他们也有根深蒂固的迷信和对旧时习俗的盲从。这一切都决定了中国绝不可能发展成一个与我们所自豪的西方文明相抗衡的工商大国。然而，正是因为世界处于如此情形，才为美国的制造商们带来了最有力的竞争者。毫无疑问，所谓的外国贸易竞争在很大程度上源自我们自己的感觉，是由于我们的胆怯以及我们中间普遍存在的某种信念所造成的。这种信念认为，贸易必须由国家的直接干预来促进和保护。我们的立法机构担心外国商业或工业的崛起会影响美国的利益，因此寻找借口限制外国产品进入美国。回顾近年来在这些政策路线下我们所经历的"恐慌"，人们就会发现，我们已经将这种贸易政策应用到其文明程度无论如何都无法与我们匹敌的那些国家，或者说应用于和落后国家之间的国际贸易。这些落后国家完全依靠原始的自然条件生产出一些产品，或利用自身优势生产出与我们完全不同的民族产品，但基本上都是农产品。英属印度和俄罗斯南部的小麦，埃及和英属印度的棉花，中国、澳大利亚和南美洲的羊毛，里海地区的石油，墨西哥的白银和中国的劳动力，每种贸易都曾有过它的高光时刻，并在公共舆论和关税政策中发挥了强大的作用。

  这些产品是否会对美国利益产生永久性的不利影响，这一问题还有待观察。同样没有结论的是，对于实行大机器生产的美国制造商，其生产能力和销售能力在多大程度上会受到威胁。在美国这样一个土地便宜到几乎可以无偿赠送的国家，羊毛养殖产业自然更容易发展起来。稀少的人口和低廉的维护成本，为养殖者提供了无限的市场前景。在我看来，在羊毛养殖这一行业，目前没有任何值得我们担忧的东西。当然，未来也许会有各种可能。

总体看来,中日之间的贸易竞争是最不平等的。中国仅仅凭借其廉价的劳动力,就足以形成庞大的、压倒性的人口优势,在竞争中压倒那些弱小的国家。然而,日本这个小国却凭借其先进的文明和高超的管理,拥有了一种可能会对西方列强产生深刻影响的实力。

面对新局面,人们对于可能发生的事情总要有些思考。事实证明,对于美国市场而言,中国及其所带来的利益是一块未知的沃土,但它现在要经历习俗、方法、信仰等一系列不可思议的变化。烦琐的立法过程和缓慢的部署执行,让美国已经十分习惯这种渐进的过程,克服了对巨大而突然变化的恐惧感。然而,我们似乎过于理所当然地认为,东方如今发生的变化将会比我们在文明时代的变化还要大。蒙古入侵成了欧洲危言耸听者的惯用伎俩,他们通常描绘出一个能够唤起人们对于原始时代征服和恐惧的颠覆性场面,因为那时野蛮正统治着人类。抛却将东方人口大规模地转移到某段边界以外这个问题不谈,我认为当务之急要考虑的是,随着中国工业和农业的提高,他们将拥有能够与我们及欧洲国家竞争的可能性。中国人十分热爱劳动,他们赞美劳动是一种高尚的品德,尽管这种高尚建立在必要的基础上。因此,它成为中国人产出巨大经济利益的重要因素。但是中国人鄙视商业,并且憎恨外国人以及他们所带来的影响,所以尽管中国卷入了一场又一场的战争,却不愿与"洋鬼子"产生深度交流。这个国家的自然资源非常丰富,拥有着世界一流的煤田。但是由于缺乏廉价而又便捷的运输工具,导致其相邻两省一个物资过剩另一个饿殍满地。面对这种情况,大量中国人采用自然灾害后应对食物短缺的最原始办法,那就是从一个省逃荒到另一个省。虽然中国人在许多地方都表现得非常聪明,但他们却厌恶使用节省劳动的工具和机器。在马来半岛,即使他们为移民国家增添了大量的劳动力,但中国人的生活习惯常常使他们明显与众不同。

我们必须想象这一切都将发生变化。我们必须想办法引入一种外来因素,它能够引导中国人去开发他们的自然资源。这种外来因素要在更大程度上效法我们西方文明的做法;我们必须设想建造一个铁路网络,它会打开这个国家的内陆,那里有煤矿,那里拥有最重要的生产要素。我们必须想象中国人对商业产业的逐步认同。最重要的是,我们必须设想一个保护人们生命和财产的政府,一个不依赖敲诈勒索而获得正当收入的政府,一个拥有合理诚信财政制度的政府。经过这样的发展历程,中国人将会有新的面貌和气质。这一切都是有可能的。我们只需要看看英属印度。在那里,在充满活力的商业和工业的影响下,一个经济规模曾经和中国同样低的民族已经发展成世界市场上的一个积极因素。更能说明问题的是,在经济上一度与中国同样低效的日本,充分证明了东方人民在适当条件下所迸发出的创造能力。我们不能指望一切都立竿见影;即使在适当的时间开始,也需要数年才能逐渐产生影响。事实表明,如果依循中国的旧有制度,中国的对外商业影响力只能逐渐下降。过去的经验证明,只有通过适当强硬的姿态,我们才能获得中国的让步,我们才能够接近这个伟大的国家。同样,日本给中国以深刻而严厉的教训,也可能迫使她去模仿进而接受西方的知识和方法。

作者简介

华盛顿·福特(Worthington C. Ford,1858—1941) 美国历史学家、档案管理专家,曾任美国国会图书馆手稿部主任,编辑过多种有关美国早期历史的档案文献。

吴昀珊 西安利物浦大学人文社科学院教师。

试论志怪小说的产生及对后世小说的影响

吴佳熹

摘　要　本文从"实录"精神的传承和"鬼题材"的模仿两方面具体论述了志怪小说对后世小说的影响。蒲松龄继承了六朝志怪小说家的"实录"精神,从民间广泛搜集素材,极大丰富了《聊斋志异》的题材和内容。"鬼题材"一直以来都是志怪小说的重要题材。从唐代的传奇和志怪小说到明清小说,都沿袭魏晋南北朝志怪小说中的鬼意象和鬼题材,并在原基础上发展和扩充。此外,志怪小说将奇幻瑰丽的想象与现实生活相结合,呈现出独特的审美情趣,这为后世小说的创作提供了借鉴。

关键词　志怪小说;产生;影响

　　志怪小说是中国古典小说中重要的一类,从史书中分化而来,以其独特的叙述方式和表现手法,在文学世界里自成一体。中国古代鬼神文化长期盛行,鬼神观念是人们的一种普遍认知,这使得志怪小说成为中国古代小说的重要创作题材。"志怪"这个词首次出现在《庄子·逍遥游》,意思是记录奇闻怪事。"志怪小说"则初次出现于唐代段成式的笔记体小说《酉阳杂俎》

的序言"固役不耻者,抑志怪小说之术也"①。记录鬼神怪异是志怪小说在思想内容上的一个突出特征,这也使它常常带上宗教或准宗教色彩,因为万物有灵的鬼神观念即是宗教信仰的核心。还有不少志怪小说本来就是佛教、道教的宣传读物。志怪小说不仅适应宗教的需要,还为人们日常生活消遣提供谈资,因此得以流传下来。按照内容,志怪小说可以分为鬼神怪异、地理博物、佛法灵异三类。志怪小说源远流长,从被誉为"古今语怪之祖"的《山海经》,到清代堪称中国古代志怪小说之最的《聊斋志异》,绵延两千余年,作品宏富,异彩纷呈。

本篇论文主要分为三个部分,分别论述的起源、发展以及对后世小说创作的影响。先秦是志怪小说的发生阶段,两汉是发展阶段,到魏晋南北朝已进入繁荣时期。首先,志怪小说的发生与原始宗教和巫术密切相关,上古神话在原始宗教的影响下产生,先秦宗教迷信传说是巫教社会的产物。其次,志怪小说的兴盛与魏晋南北朝的社会环境相关,汉末以来社会动乱、民不聊生的惨淡现实是志怪小说产生的社会条件。再次,炽烈的宗教迷信、玄学的盛行以及佛教、道教的传播都直接促进了志怪小说的兴旺发达。魏晋南北朝期间,志怪小说作品数目繁多、作者队伍庞大、题材广泛、内容多样、艺术表现手法丰富多彩,在中国古代小说发展史乃至整个文学史上占有重要地位,并且对后世小说的发展产生了巨大而深远的影响。唐代的传奇、明清的小说,均吸取了魏晋南北朝志怪小说的丰富营养。

一、志怪小说的起源探析

志怪小说的源头是志怪故事,志怪故事主要包括上古神话以及宗教迷信传说,并且具有很深的原始宗教和巫教背景。

---

① 段成式:《酉阳杂俎》,北京:中华书局,1981年。

（一）原始宗教

原始宗教是古先民在生产劳动工具极度落后的自然条件下，由于在大自然面前的渺小、脆弱和无知，自发产生的一种不自觉的认知和意识。上古神话源自原始宗教，与原始宗教有着密切的联系。对此，德国思想家卡西勒在《人论：人类文化哲学导引》中指出，"神话所赖以建立的过程要有信仰的要素，在神话产生的过程中总是含有一个相信的活动，如果没有对他的对象的实在性的相信，那么神话就会失去他的根基"[1]。马克思也曾指出，神话是"通过人民的幻想用一种不自觉的艺术方式加工过的自然和社会形式本身"[2]。因此，神话反映了古先民的综合意识形态，包括古先民对大自然的本能认知以及对愿望的表达。神话的主要内容是原始人类对于自然的认知以及征服自然的愿望，诸如"夸父逐日""精卫填海""女娲补天""盘古开天辟地"等家喻户晓的神话故事，均是古先民渴望征服自然的意志和情感的体现。此外，上古神话谲诡可观的想象不仅体现在对神灵的创造上，还有着关于变化的丰富幻想。例如盘古神话：

"天地混沌如鸡子，盘古生其中。万八千岁，天地开辟，阳清为天，阴浊为地。盘古在其中，一日九变，神于天，圣于地。天日高一丈，地日厚一丈，盘古日长一丈。"[3]

这是说远古的时候，整个世界浑浊漆黑一片，直到一万八千年以后，出现了一位名叫盘古的力大无穷的神。他可以开辟天地，让清的阳气化作天空，浊的阴气化作大地。盘古则在天地之间，他的形体一天可以变化多次，他的身高一天可以长高一丈，比天、地更加神圣。《广博物志》亦提到过盘古

---

[1] 卡西勒：《人论：人类文化哲学导引》，台北：桂冠图书股份有限公司，2005年。
[2] 马克思：《政治经济学批判》，北京：人民出版社，1966年。
[3] 《艺文类聚》卷一引徐整《三五历纪》。

"龙首蛇身"①的奇异外形。由此可见,盘古这一形象,体现了古代先民对创造天地万物的神灵的崇拜,寄托了古代先民渴望创造世界的雄心和志向。就神灵的形体而言,盘古呈现出"龙首蛇身"这种人兽嵌合的怪异形态以及"一日九变"的自身变化,反映了先民崇拜自然伟力的审美观念和奇丽幻想。

上古神话的内容、表现方法以及其中蕴含的精神是志怪小说产生的重要源泉,也为志怪小说的创作提供了素材。从一定程度上来说,上古神话开创了神怪题材的先河。此外,上古神话对神灵形象的创造和神灵变形的观念具有一定的原型意义,奠定了志怪小说创作的幻想基础和范式,启发了志怪小说创作的想象空间,甚至成为后世小说的人物形象原型。例如,大量神话故事中的神人、神兽形象被志怪小说沿袭并加工成神仙、精灵、妖怪等角色,只是人格化程度有所提高。

(二)巫教社会

原始社会时期,人们普遍信仰的原始宗教和巫术就已经产生了祭拜各种鬼神的观念和仪式。但原始宗教依然是一种"自发的宗教",其宗教观念是人们在不自觉的状态下的本能认知。直到进入阶级社会以后,原始宗教观念发生了本质的变化,开始由多神论转化为一神论,由"自发的宗教"转变为"人为的宗教"。其中,传统的巫教是商周宗教的主要表现形式,是一种"人为的宗教",上帝是巫教信仰的最高神。巫教由原始的祭祀文化发展而来,继承和发展了原始社会的鬼神崇拜观念。正如吕振羽先生所说,"从原始的图腾崇拜和万物有灵论,经过氏族制后期的祖先崇拜,到殷朝奴隶所有者时代,便发展为具有一神教之本质的巫教。"②巫教从一开始便宣扬上帝鬼神观念,十分重视祭祀、卜筮、葬礼、祈祷等迷信活动,祭祀和卜筮是巫教社会最常进行的迷信活动。如《礼记·祭统》曰:"祭者,教之本也已。夫祭

---

① 董思张:《广博物志》,长沙:岳麓书社,1991年。
② 胡凡:《简明中国通史》(上册),北京:人民出版社,1962年,第104页。

有十伦焉,见事鬼神之道焉。"①春秋战国时期,讲阴阳说和五行说的风气开始流行,有人开始用阴阳说和五行说作为解释政治问题、自然变化、社会现象的依据,战国后期的齐人邹衍将其进一步结合成"五德始终"说。战国时期的人们普遍相信"天之与人有以相通"②,而阴阳五行说将它具体化。例如《国语·郑语》就记载了周太史史伯将阴阳五行说的原理作为抨击西周政治腐朽、失去民心、违背天意的依据,从而预示西周将灭亡。

由于巫教和阴阳五行学说的盛行,大量的宗教迷信故事应运而生。其内容也主要和巫教及阴阳五行学说有关,具体可以分为鬼神作祟和显灵的故事、卜筮占梦的迷信故事、阴阳五行和福瑞灾异的故事等。与上古神话人神相隔的原始宗教意识不同,宗教迷信故事的基本思想是天人感应,这意味着内容从幻想世界向人世的转变,人变成了幻想故事的主题。如《墨子·明鬼下》载杜伯之事:

"周宣王杀其臣杜伯而不辜……其三年,周宣王合诸侯而田于圃田,车数百乘,从数千人,满野。日中,杜伯乘白马素车,朱衣冠,执朱弓,挟朱矢,追周宣王。射入车上,中心折脊,殪车中,伏弢而死。"③

上文讲述了周宣王杀死无罪之臣杜伯,三年后杜伯化作鬼魂向周宣王报冤的因果报应故事,这样的鬼故事在上古神话中是不曾有的。鬼故事的流行体现了鬼的观念深入人心,也标志着新的变化形式的产生,人死后可以变鬼,鬼亦可以变成人或其他事物。鬼报恩、报冤的因果观念也是新的观念。此外,不只神、鬼可以变化,世间万物都可以变化。《国语》云:"雀如于海为蛤,雉入于淮为蜃,鼋鼍鱼鳖,莫不能化。"④可见,宗教迷信故事进一步丰富了对变化的幻想。

---

① 胡平生、张萌译注:《礼记》,北京:中华书局,2017年。
② 《文子·精诚篇》。
③ 方勇译:《墨子》,北京:中华书局,2015年。
④ 《国语·晋语九》。

宗教迷信故事是志怪小说的萌芽之一，极大地促进了志怪小说的形成和发展。产生于战国中期以前的早期志怪小说《汲冢琐语》就是在祥妖、预言、鬼神等宗教迷信故事的基础上编写的。只是西周以来的许多宗教迷信故事都是在历史故事基础上的幻化和神秘化，还没有形成独立的系统，因此散见于史官诸子之书。

二、志怪小说的形成与发展

志怪小说的形成经历了先秦志怪故事从口耳相传到被分散记录在史籍上，最终与史乘分流的过程。由志怪故事向志怪小说发展的过程即是志怪小说与史乘分离的过程。两汉是志怪小说趋于成熟和发展的时期，魏晋南北朝是志怪小说完全成熟和繁荣的时期。

（一）初步形成

战国以前，作为志怪小说起源的志怪故事一直被零星地记录在史籍中，尚未成为真正的小说。刘几知《史通》云："古之国史，闻异则书。"[1]宗教迷信故事常常被史官录入史书，不仅是因为史官已将志怪故事和历史事件视作一体，还因为它们起到了替统治者进行宗教宣传的目的。正如《墨子·明鬼下》云："古者圣王必以鬼神为其务，鬼神厚矣。又恐后世子孙不能知也，故书之竹帛，传遗后世子孙。"[2]

真正意义上的志怪小说是以书面形式呈现的记录怪异的独立文学体裁。志怪故事从史乘中分化出来形成独立的书面体小说也经历了漫长的过程。春秋时期，产生了一种名叫《训语》的专门记载神话传说的历史杂记，具有较强的神怪色彩。如《国语》引用《训语》之言云："夏之衰也，褒人之神化

---

[1] 《史通》卷三《书志篇》。
[2] 方勇译：《墨子》，北京：中华书局，2015年。

为二龙,以同王庭。"①《训语》的出现,标志着春秋时期志怪小说萌芽的产生。春秋末年的史书《左传》《国语》中也包含大量荒诞怪异的志怪故事。如《左传》庄公八年记载的齐侯见鬼事件,《左传》僖公十年记载的狐突遇太子事件。又如《国语》中的"土中之怪曰坟羊"。冯镇峦在《读聊斋杂说》云:"千古文字之妙,无过《左传》,最喜叙怪异事,予尝以之作小说看。"②可见,《左传》《国语》虽是史书,却直接孕育了志怪小说,为志怪小说的初步形成奠定了基础。

战国时期,诸子百家彼此诘难、相互争鸣,学术氛围空前浓厚。再加上春秋以来巫教的盛行,阴阳五行说、五德始终说和方术的发展,为志怪故事的传播、流行创造了极有利的社会条件。在史乘向不同领域的作品分化的过程中,作为志怪小说前身的志怪故事经过长期的积累、酝酿,终于具备了从史乘中分离、自成一体的成熟条件。在战国中期以前,第一部志怪小说《汲冢琐语》问世,标志着志怪小说的初步形成。

(二) 繁盛期

志怪小说在魏晋南北朝进入繁盛期。鲁迅先生在论及六朝的志怪小说时说:"中国本信巫,秦汉以来,神仙之说盛行,汉末又大畅巫风,而鬼道愈炽;会小乘佛教亦入中土,渐见流传。凡此皆张皇鬼神,称道灵异,故自晋讫隋,特多鬼神志怪之书。"③六朝宗教迷信的规模、声势、影响空前扩大,鬼神迷信观念深入人心,平民百姓普遍寄希望于鬼神,鬼神迷信内容越来越丰富。因此,这一时期的宗教迷信思想及其广泛影响是志怪小说繁荣的根本原因。

魏晋南北朝是历史上少有的乱世,一方面,由于国家分崩离析,政权

---

① 《国语·郑语》。
② 蒲松龄:《聊斋志异:冯镇峦批评本》,长沙:岳麓书院,2011年。
③ 鲁迅:《中国小说史略》,北京:人民文学出版社,1973年。

林立，当时的统治阶级尚未实施严酷的一体化的思想控制体系，普通民众得以张扬个性，强调个人意识；另一方面，极为严酷、动荡的社会政治环境常常让人们实现自我的愿望化为泡影。因此，许多人把目光转向了宗教世界，以求心里解脱。于是，符合这一时期的哲学思潮、适应当时社会发展形态和人们思想心态的道教和佛教兴盛起来，成为人们赖以寄托的精神家园。反映在文学领域，佛教、道教的盛行造成了大批鬼神传说的出现和流传，极大地丰富了志怪小说的题材、内容和幻想基础。道教是融合一些迷信思想形成的，将神仙方术、谶纬、卜占等传统宗教迷信与民间的巫祀组织形式相结合，是神仙思想和种种方术的混合物，从神仙到鬼怪，创造出诸多精怪神灵，几乎无处无时不在，遍布人间，如《抱朴子内篇》云："山无大小，皆有神灵"①。在道教的观念里什么都可以成精，"万物之老者，其精悉能假托人形"②。志怪小说中关于游仙、妖怪、法物等内容题材的作品，一定程度上就是受到神仙道教的影响而创作的。干宝《搜神记》中就记载一篇宝镜识破鹿妖的故事：

"淮南陈氏，舍中独坐。忽见二女子姿色甚美，著紫缬襦青裙，天雨而衣不湿。其壁先挂一铜镜，镜中见二鹿，遂以刀斫，获之，以为脯。"③

宝镜是道家的法物，古代传说中认为宝镜是"金水之精，内明外暗"④，可以用来鉴物和震慑妖怪。鹿妖通过易形成美女子惑乱人间，道教则在巫术的基础上神化了宝镜的作用，以其灵力斩获鹿妖。自此，宝镜的法术性在民间广为流传，逐渐发展成为后世文学作品里具有威灵象征意义的神异意象。

佛教是以地狱轮回说为核心的神学体系，主要依靠鬼神迷信观念传教。

---

① 《抱朴子内篇》卷一七《登涉篇》。
② 《抱朴子内篇》卷一七《登涉篇》。
③ 干宝：《搜神记》，北京：中华书局，1979年。
④ 葛兆光：《道教与中国文化》（上篇），上海：上海人民出版社，1987年，第105页。

佛教的传入，带来了许多新的迷信观念。诸如"三世因缘""因果报应""死而复生""六道轮回"等。例如，干宝作《搜神记》就是因为一番"死而复生"的因缘：

"宝兄尝病气绝，积日不冷。后遂悟，云见天地间鬼神事，如梦觉，不知死。宝以此撰，遂集古今神祇灵异人物变化，名为《搜神记》。"①

干宝的兄长死而复生的事深深震撼了干宝的心，于是他开始搜集各地的灵异怪事，编写成了《搜神记》，从而证明"神道之不诬"。六朝文人多信仰佛教，宗教迷信观念极大地支配着文人的写作。此外，佛教徒和道教徒也纷纷通过著书立作来宣扬其教义及法术，和鬼神相关的内容因此大批产生。《四库全书总目》云："后世神怪之迹，多附于道家，道家亦自矜其异，如《神仙传》《道教灵验记》是也。"②志怪小说也因此大批量产生。

除此之外，谈风的盛行也促进了志怪小说的发展。魏晋南北朝时期，政治黑暗而混乱，战争连绵不断，社会动荡不安。人民长期生活在统治阶级的疯狂压榨之中，苛捐杂税严重，生活困苦。在这分裂动荡、民生凋敝的时代，形成了"出门无所见，白骨蔽平原"③的景象，人的生命安全得不到任何保障。在这样一个人生无常的年代，魏晋文人思想苦闷，不满现实却无可奈何，于是他们试图从宗教的幻影世界中寻找解脱。再加上东汉王朝崩溃后，士大夫们厌倦了两汉经学的烦琐与谶纬，开始把兴趣转向有哲学意义的命题。因此，在文人墨客间出现了"清谈"这一特殊的文化现象。清谈的内容大体可以分为品评人物和谈论玄理两类。其中，品评人物的风习是汉末清议的流绪，并且和魏晋时期选拔人才的"九品中正制"关系密切。魏晋的士大夫们围绕《庄子》《老子》《周易》等玄妙深奥的文章清淡，也进行戏谈、讲故事，寄情怪诞，崇尚奇异，以求内心平衡或超脱避世。《世说新语》中大量记

---

① 《晋书》卷82《干宝传》。
② 转引自李剑国：《唐前志怪小说史》，北京：人民文学出版社，2019年，第275页。
③ 王粲《七哀诗三首·其一》。

载了魏晋名士的玄虚清谈故事。如《世说·品藻篇》记载抚军和孙兴公谈论刘真和王仲祖的长相如何。又如《世说·文学篇》载:"何晏为吏部尚书,有位望。时谈客盈坐。王弼未弱冠,往见之。晏闻弼名,因条向者胜理语弼曰:'此理仆以为极可,得复难不?'弼便作难,一坐人便以为屈。于是弼自为客主数番,皆一坐所不及。"①魏晋南北朝的谈风盛行正好也为小说创作提供了有利条件,在这样的社会环境下,社会上的各种传说和故事广泛地流传、扩散,最终集中到文人手中,汇集成书。由于当时盛行的宗教迷信,鬼神怪异故事在社会上大量散布开来,人们对此类故事的兴趣也最浓。因此,志怪小说中的很多内容是在聚谈中搜集到的。

三、志怪小说对后世小说的影响

魏晋南北朝志怪小说的思想内容、艺术手法、写作题材等对后世小说有着广泛而深远的影响。从唐代传奇到明清小说,都吸收了六朝志怪小说的艺术营养,如《枕中记》《离魂记》《玄怪录》《阅微草堂笔记》《聊斋志异》等。在中国小说史上,清代蒲松龄的《聊斋志异》以其辉煌的思想艺术成就被誉为志怪小说的巅峰之作。除了现实的社会背景、政治、文化原因外,魏晋南北朝志怪小说对这部杰作的问世起了重要作用。正如蒲松龄自己所说,"才非干宝,雅爱搜神""集腋为裘,妄续幽冥之录"。②

(一)"实录"精神的传承

唐代前的志怪小说家们大都将鬼神怪异之事当作真事,正如鲁迅先生在《中国小说史略》中说的"而人鬼乃皆实有,故其叙述异事,与记载人间常事,自视固无诚妄之别矣"③。志怪小说家重视对平民生活的反映,秉持"实

---

① 朱碧莲等译:《世说新语》,北京:中华书局,2011年。
② 转引自田汉云:《〈聊斋志异〉与六朝志怪小说》,载《扬州师院学报(社会科学版)》,1986年第1期,第68页。
③ 鲁迅:《中国小说史略》,北京:人民文学出版社,1973年。

录"精神,于是他们深入民间,广泛询访,努力向民间文学学习,搜集和整理了大量的传说、故事。如干宝作《搜神记》的目的乃是"以明神道之不诬也"[①],干宝《搜神记序》云:

"虽考先志于载籍,收遗逸于当时,盖非一耳一目之所亲闻睹也,亦安敢谓无失实者哉!……访行事于故老,将使事不二迹,言无异途,然后为信者,因亦前史之所病。"[②]

干宝编写《搜神记》的素材虽然并非"一耳一目之所亲闻睹也",但是重视通过民间访问收集素材并且秉承"实录"精神,"行事于故老"和"考先志于载籍,收遗逸于当时"。此外,南朝萧绮也在《拾遗记序》中提出志怪小说要"考验真怪"[③]的观点。"真"即是当时社会的普遍认同的观点。

在一定程度上,《聊斋志异》可以看作文人创作和民间创作相结合的产物。蒲松龄高度重视从民间文学中汲取思想艺术的营养,其原因很大程度上是因为继承了六朝小说家"文学源于民间"的"实录"精神。为了搜集创作素材,蒲松龄也走向民间,不遗余力地搜集、积累民间文学中的思想精华。正如蒲松龄在《聊斋志异》创作完成后说的,"情类黄州,喜人谈鬼。闻则命笔,遂以成编。久之,四方同人又以邮筒相寄。因而物以好聚,所积益夥"。因此,《聊斋志异》的内容取材广泛、贴近民生、丰富多彩,这也是《聊斋志异》艺术成就如此之高的原因。此外,《阅微草堂笔记》的故事也采取了"实录"的写实手法,题材大多源于现实生活。正如纪晓岚在《滦阳消夏录序》中叙述他创作的缘由云:"昼长无事,追录见闻,忆及即书,都无体例。"

---

① 《晋书》卷82《干宝传》。
② 干宝:《搜神记》,北京:中华书局,1979年。
③ 转引自程丽芳:《魏晋南北朝志怪小说的实录精神与补史意识》,载《古代小说评论》,2011年第2期,第104页。

（二）鬼题材的模仿

鬼题材是魏晋南北朝志怪小说的重要题材，由民间鬼神信仰发展而来。许多志怪小说家用鬼的世界来反映人的世界；或用鬼界的生活讽刺现实生活；或寄情于鬼，表达对人世生活的向往。从唐代传奇、志怪小说到明清小说都大量继承了六朝志怪小说中的鬼意象和鬼题材。诸如《幽怪录》《广异记》《西游记》《聊斋志异》《阅微草堂笔记》等作品中都有鬼题材的故事。鬼题材包括冥婚、魂遇、死而复生、托梦显兆、借尸还魂、人鬼相恋、地狱巡游和鬼魅作祟等。其中，人鬼相恋题材在魏晋南北朝时期普遍流行，为后世人鬼相恋故事奠定了故事母体，如艳遇、赠物、复活、生子等。《搜神记》中就有不少人鬼相恋题材的故事，极大地启发了后世文学作品的想象。如《搜神记》卷十六的《谈生鬼妻》就是一则有代表性的人鬼相恋故事，讲述了谈生与女鬼结为夫妻并生子的故事。故事中女鬼提醒谈生三年之内不能用灯照她，谈生禁不住好奇发现妻子是鬼。现形的妻子只好离开，临走前赠送贫穷的谈生一件袍子来养活儿子。

后世的文学作品大量沿用了类似的情节发展模式与情景、人物设置。从唐传奇陈玄的《离魂记》、温庭筠的《华州参军》、李景亮的《李章武传》，到宋代洪迈的《夷坚志》，再到明清时期的《剪灯新话》、"三言二拍"、《聊斋志异》等作品，都有大量的人鬼恋的故事，或是人与鬼之间至死不渝的爱情，或是爱而不得的悲剧，这在一定程度上也反映了男女青年对自由恋爱的追求以及对包办、买卖婚姻制度的反抗。据吴光正在《中国古代小说的原型与母题》中考证，仅《太平广记》中就有约七十篇的人鬼恋故事。

《聊斋志异》中共有约500篇短篇小说，其中170多篇是鬼题材的。在诸多鬼题材的故事中，又以"人鬼相恋"故事影响最大、传播最广，如《聂小倩》《梅女》《画皮》《伍秋月》等。在《伍秋月》中，王鼎和女鬼伍秋月在小说一开头便在梦中上了合欢床：

"居半月余,夜梦女郎,年可十四五,容华端妙上床与合,既寤而遗。颇怪之,亦以为偶。入夜,又梦之。如是三四夜。"①

伍秋月是一位追求爱情、思想独立的女性形象。王鼎和伍秋月的人鬼恋突破了传统礼教的束缚,流露出男女之间的真挚感情,表达了女性对自由爱情的渴望。蒲松龄借"人鬼恋爱"故事,表达了对社会束缚女性、虚伪立教等不合理社会制度的批判和讽刺。《聊斋志异》中其他人鬼恋故事中的女性形象,也大多是和传统礼教规范下的女性形象迥异的。由此可见,"人鬼相恋"题材的小说在后世绵延不绝,并且在思想内容上进一步发展。

四、结语

综上所述,本文从志怪小说的起源、形成与发展以及对后世的影响等三方面论述了志怪小说在中国文学史上的发展概貌。志怪小说的源头可以追溯到上古神话传说和先秦宗教迷信故事。原始宗教信仰孕育了上古神话传说,而巫教和阴阳五行说的流行则诞生了先秦宗教迷信故事。志怪小说的发展分为初步形成期和全盛期。志怪小说是从史籍中分化出来的,其形成过程就是与史乘分流的过程。战国时期,在百家争鸣的学术氛围下,大量志怪故事传播并流行,初步形成了一些准志怪小说,但依旧处于幼稚阶段。魏晋南北朝是志怪小说完全成熟和全盛时期,这一时期的志怪小说在先秦和两汉志怪的基础上发展而来,并受到当时社会环境的影响。魏晋南北朝时期盛行的宗教迷信思想是志怪小说繁荣的根本原因,当然也受到谈风盛行、社会动乱等因素的影响。志怪小说对后世小说影响深远,后世小说的创作动机、内容题材、主旨思想、艺术特色等方面都能体现出对志怪小说的继承和创新。窥一斑而知全豹,本文主要从"实录"精神的传承和"鬼题材"的模仿两方面具体论述了志怪小说对后世小说的影响。作为志怪小说的集大成

---

① 蒲松龄:《聊斋志异》,南京:译林出版社,2019年,第226—228页。

者,蒲松龄继承了六朝志怪小说家的"实录"精神,广泛从民间搜集素材,极大地丰富了《聊斋志异》的题材和内容。

作者简介

吴佳熹 (马来西亚)马来亚大学人文与社会科学院学生。

徐州汉画像石中的外来文化

杨孝军

公元前206年,汉高祖刘邦建立了国力雄厚、版图空前的汉朝。汉武帝时期,凭借王朝的武力与臣子坚韧不拔的毅力,通往西方的丝绸之路得以凿通,汉朝威名远扬。

东方的汉朝(公元前206—公元220)与西方的罗马帝国(公元前27—公元1453)曾经雄霸着地球的东西方。有着"绣像的汉代史"之称的汉画像石中记录了哪些外来文化,反映了当时怎样的国际交流?透过徐州的汉画像石,我们一起来看一看。

一、汉画像石与罗马美术同时代产生

汉代处于中国封建社会上升时期,对外来文化采取兼容并蓄的态度。作为外交使者,张骞的两次中亚之行都未达到出使目的,但作为地理探险家,张骞的中亚之行有着划时代的意义。正由于张骞的中亚探险改变了世界文明史的发展过程,使中华文明和地中海文明在中亚直接相遇,随后以丝绸为代表的中华文明迅速向西传播,直达罗马帝国。

实际上早在张骞出使西域以前,在民间就有文化交流活动。大量的考古发现证实,在丝绸之路开通前,早已存在着一条鲜为人知、沟通东西文化交流的天然大道,那就是途经欧亚草原的"草原丝绸之路"。

汉朝和古罗马帝国有相似和不同的地方,罗马浮雕成为罗马艺术的杰出代表,罗马美术具有写实和叙事性的特征。罗马艺术风格与希腊不同,它不单纯且渊源复杂,既受伊达拉里亚美术的影响,又受希腊、埃及、两河地区文化艺术的影响。

罗马人的艺术大多是以给帝王歌功颂德、满足罗马贵族奢侈的生活需要为目的,是实用主义的、享乐的、强调个性的和宏伟壮丽的。在罗马美术形成之前,古代意大利便已经存在过更早的文化,其中对罗马美术影响较大是古代意大利的伊达拉里亚美术。

罗马美术的主要成就是建筑,而建筑中占主要地位的是体现国家强大以及歌颂独裁者的大型公共建筑。这些建筑物既有纪念意义,又能为城市自由民提供公共活动场所,同时也满足了贵族生活需要。

同样国力强盛的汉朝,皇家富室醉心于死后空间的建造,用绘画和雕刻装饰复杂宏伟的墓室,用精美的雕刻图像介绍自己显赫的一生、死后的希冀以及祈求永生的渴望。一种新的艺术形式出现在汉朝,这就是汉代画像石刻(又称汉画像石、汉代画像石)。

汉画像石作为一种丧葬艺术,是汉代墓室、地面祠堂、墓地石阙等建筑上带有雕刻内容的建筑构件,从西汉中期开始,一直延续到东汉末年。她随着汉代社会的兴盛而产生,随着汉代的灭亡而绝迹,在中国的历史上流行了近三个世纪之久,成为汉代美术艺术的精华,一个时代的文化代表,在中国美术史乃至世界美术史上占有十分重要的位置。

鲁迅先生称赞汉画像石艺术"深沉雄大",剪伯赞先生称其题材广博,是一部"绣像的汉代史",当代学者冯其庸先生誉其为"敦煌外的一个敦煌"。

二、动物造型变幻上的兼收并蓄

鲁迅先生在《坟·看镜有感》中写汉代"取用外来事物的时候,就如将彼俘来一样,自由驱使,决不介怀",其时代风气充满着奢侈、猎奇以及新刺激。《后汉书》中记载时人"好胡服、胡帐、胡床、胡坐、胡饭、胡箜篌、胡笛、胡舞,京师贵戚皆竞为之"。"恣极奢靡,宫幄雕丽,服御珍华,巧饰制度,兼备前世"。

当时的外来文化,主要包括与中亚、西亚、古希腊、罗马进行经济贸易活动时所触及的各国文化,这些外来文化传到中原后,很快被强大的传统文化所融合,成为其中的一部分。从徐州出土的汉代画像石及其他文物中即可见一斑。

被列为 1995 年全国十大考古新发现之一的徐州狮子山西汉楚王陵出土了两个金带扣,其图像均为一熊一虎爬在一匹马身上撕咬,虎咬着马颈,而马垂死挣扎,前两腿跪着,后半身扭转向上,被熊按着与咬着。金带扣图案的上、右、下三边分别又刻着八个鹰头形象,表现了惊心动魄的殊死搏斗,显示出一种力量的抗争。

我们发现徐州汉画像石《龙虎噬咬》中也有龙虎搏咬的画面,画面刻翼龙、翼虎共四只,相互戏斗。左起翼虎和翼龙,相互噬咬;中间一翼虎右行,翻转身体,口衔左侧翼龙足;右为一翼虎,左向奔来,张嘴噬咬。虎首下方穿插一飞鸟,虎身后有两只玉兔,一上一下左向行走。

动物图案是人们装饰图案的主题,但动物图案在东西方文化中有明显的差异。中国传统文化的装饰图案中,以龙、凤作为母题,龙飞凤舞占据了装饰图案的主体。而中亚、西亚受游牧文化的影响,无论是斯基泰人或是匈奴人,都表现了动物之间殊死搏斗的扭打场面,形成了独特的亚述动物艺术或斯基泰动物艺术。

文明在欧亚大陆的广大区域内进行了漫长的迁徙运动,吸收了各方的文明养分,在此基础上形成独特的文化。从已发现的汉代文物纹饰上看,汉代人用重叠、化合、对比、对称和综合诸法,将这些奇形怪状拼合起来,与龙的飞腾、鸟的翱翔以及人与动物置于一个画面,浑然一体。

在汉代,草原游牧民族的装饰艺术以变形兽、对兽与有翼的异兽为主,有神幻动物的形象。它们或是当地独创的主题,或是承袭西亚的主题,如狮身有翼、人头兽和半鹰半狮兽等形象。造型结构,常见的有单兽、斗兽或狩猎场面,动物形象接近写实,表现了早期游牧人的审美观念。

这类动物纹饰,学界称之为斯基泰式野兽纹或者是斯基泰—西伯利亚兽纹。徐州狮子山西汉楚王墓、徐州宛朐侯刘艺墓都出土了斯基泰风格的以动物为主题图案的金带扣。这些金带扣显然是当时的匈奴与汉朝文化交流、融合的产物。

三、汉代墓室建筑上的古希腊风

古罗马是一个以地中海文明为中心,横跨欧洲、亚洲、非洲的庞大帝国,历时一千余年。古罗马文明至今仍在各个方面深刻地影响着世界,比如它那精致繁复的建筑。

古罗马建筑传承自古希腊,融合了欧洲大陆许多地域的建筑特色,形成华美、大气的造型风格,同时拥有精湛的雕刻工艺。

受外来文化的影响,两汉时期的石雕与图像内容大大丰富起来。这些变化,在徐州汉画像石中有明显的例证,主要表现在墓室建筑、画像题材、雕刻方法等方面。

关于汉代的墓室建筑,黄晓芬在《汉墓的考古学研究》中记载:"这种以石材叠涩构造的技法,构成顶上隆起平面呈'井'字形的四面结顶式穹隆顶……从石制叠涩藻井的功能和形式来看,应当属于比较特殊的四面结顶式穹隆顶。"

同样为了增加建筑高度,砖石混合结构的墓葬使用了楔形砖造的券顶技术。这种技术不仅使顶部弧度高大而圆滑,而且承受垂直力度增强,非常适用汉代墓室的顶部空间要求。还有的墓室横梁做成了拱形,徐州贾汪地区的汉代石室墓葬中采用"拱式石梁建筑",而拱形结构,是罗马建筑的典型特征,这种建筑形式影响到阿拉伯建筑的风格。

徐州汉画像石馆馆藏有一块墓室横梁,横梁凿刻了两个拱形的门洞,上面的雕刻图案同样有着西域文化的特征。拱顶是美索不达米亚人重要的发明,拱顶无须依靠分列的支柱支撑其重量,从而增加了宽敞的空间,层层楔形石条的辐射状结构其牢固性得到地心引力的确保。拱顶后来被罗马人发扬光大,影响了从罗马时代以来的西方全部建筑。汉代墓室的结构特点反映出外来因素的影响,罗马建筑的这种券式结构原理被中国汉代的工匠运用到墓室的建造上。

圆形石柱上有沟槽是希腊式建筑的典型特征,其沟槽的数目在16条到24条之间。希腊式石柱同样被罗马人接受,它同券顶技术一起,通过丝绸之路传入了中国。徐州汉画像石墓葬中的石柱有方形和多棱形,反映出西方建筑的特点。徐州白集汉墓、拉犁山汉墓中的石柱为瓜棱形,拉犁山一号墓的石柱高1.4米,周身有16条棱。

四、羽人图与有翼兽的艺术融合

徐州汉画像石的画像题材中表现西域文化的图像内容似乎更多一些,其中的有翼兽与安息、天禄、辟邪和斯基泰民族流行的鹰头兽有着相似之处,同时它又糅合了安息艺术中有翼兽的形象。

例如,徐州铜山区黄山汉墓出土的汉画像石《龙凤交颈图》(现藏于徐州汉画像石馆),上层是双凤交颈,下层是四龙交颈交尾。动物的交颈交尾原本是两性合欢,在这里象征着墓主夫妻"在天愿作比翼鸟,在地愿为连理枝"的美好愿望。还有《行龙交颈图》,画面正中刻二行龙交颈合欢,旁有行龙异兽翻腾,其间有一飞鸟。这同公元前4000年苏美尔人圆形印柱印面局部上交颈交尾的异兽(现藏于法国卢浮宫)是完全一致的。

另外,徐州汉画像石中也出现东罗马帝国国徽双头鹰的图案。画面中间刻一只展翅舒尾、正面站立的双头鹰,鹰嘴相互接喙。鸟的左右两侧各刻一龙,张口露齿,有角和须,体生双翼,身饰鳞纹,龙首相对,昂首挺胸作前扑状。

双头鹰最初是罗马军团的标记,公元395年,随着东西罗马的分裂,这一标记为东罗马帝国——拜占庭帝国所继承,变成了拜占庭帝国皇帝君士坦丁一世的皇室徽记,也就是东罗马帝国的国徽。

两汉时,中原外交路线曾远达黎轩即罗马。那时不仅中国的商队、外交使节到达了罗马,还有罗马使臣、商人以及杂技艺人千里迢迢来到中国,带有民族文化的象征物双头鹰沿着丝绸之路传入中国,作为吉祥图案刻在中国的画像石中。

汉代艺术中常见一种肩背出翼、两腿生羽、大耳出颠的人物形象,它广泛出现在汉代艺术的各个方面,基本贯穿汉代艺术的始终,构成一项重要母题。这一形象就是文献中所说的羽人,亦名飞仙。

《山海经》言:有羽人之国,不死之民。或曰:人得道,身生毛羽也。仙的概念在汉代文献中屡见不鲜,飞仙在汉代思想与信仰世界中更具有特殊的象征意义。

羽人的基本造型是人与鸟的组合,汉画像石中的羽人就是东方神话中的天使。羽人即汉代先民所信仰的仙人,古人认为仙人均有羽翼,故曰羽人,就是长生不老之人。各地汉画像石中都有身生羽毛或翅膀的羽人,他们或作飞翔状或与神灵异兽嬉戏,往往伴随在西王母、东王公旁,如徐州铜山茅村汉画像石《西王母车马出行图》中的羽人图像,此类图像反映了汉代人的"羽化登天""灵魂升天"的观念。

汉代人好神仙,追求成仙而长生不老。要想成仙,就得身生羽翼"羽化而登仙"。羽人形象的大量出现,说明了汉代人们时刻幻想着能像鸟一样展翅飞翔,升入仙境,以求长生不死。帝王、贵族对羽化升天的崇拜已达到狂热的程度。

五、非洲狮传入中国的形象演变

徐州汉画像石中出现了狮子的形象。狮子的故乡在非洲、西亚和南美洲等地。大约在公元前 3500 年，古埃及加尔采文化末期就已创作出具有高度艺术技巧的狮子雕刻作品。大约在公元前 2650 年的哈夫拉王朝的狮身人面像，开始了以石狮作为陵墓守护的先河。

狮子在中国最初名为狻猊，《尔雅·释兽》载："狻猊如虦猫，食虎豹。"郭璞注："即狮子也，出西域。"东汉时期，西域进贡狮子后，名"师子"。《汉书·西域传上》记载："乌弋地暑热莽平，……而有桃拔、师子、犀牛。"颜师古注云：师子，即《尔雅》所谓狻猊也。狮子的梵语是 Simba。狮子先后名为天禄、天鹿、辟邪、符拔、麒麟、狮等。三国魏孟康解释"桃拔"这种动物形象时说：挑拔，一名符拔，似鹿，长尾，一角者或为天鹿，两角者或为辟邪。

狮子最早传入中国是在西汉张骞出使西域以后。《后汉书》中记载在东汉时，又有西域诸国多次向汉庭进献狮子。东汉晚期，随着社会上对狮子的形象及寓意逐渐熟悉和接受，狮子的形象被广泛使用，成为工匠手中的重要神兽装饰图样之一。传入中国的狮子很快被神化，身上长着一对翅膀，有的头上长一只角，名曰"天鹿"，有的头上长两只角，名曰"辟邪"。目前带有明确纪年的最早狮子为东汉晚期桓帝建和元年（147 年）山东嘉祥武氏祠前的一对石狮，徐州汉画像石中狮子、天鹿、辟邪的形象都有。

艺术无国界。汉代画像石中的外来艺术形象反映了外来文化对汉代文化艺术的影响，如天禄、辟邪、狮子吸取了中亚、西亚的动物形象并将它本土化，如同鲁迅先生的赞誉：遥想汉人多少闳放，新来的动植物，即毫不拘忌，来充装饰的花纹。凡取用外来事物的时候，自由驱使。两千年前的中国汉王朝艺术家注重博采众长，他们对各民族的优秀文化采取兼容并蓄的态度，许多外来文化元素最终融入了大中华文化之中。

汉代画像石也正是因为这些外来形象的融入才显得更加丰富多彩。今天，我们在欣赏和感叹汉代画像石的大气与精美之时，也应看到汉代画像石所折射出的汉代对外文化艺术交流，这样我们才能更好地理解汉代画像石，理解两汉文化艺术。

附录：汉代文物及汉画像石

1. 金带扣

年　代：西　汉

出土地：徐州狮子山楚王墓出土

尺　寸：带版长 13.3 厘米，宽 6 厘米，重 273.2 克

　　金带扣为腰带两端的扣饰。腰带通长 97 厘米，中间是用丝带编缀三排海贝组成的带体，海贝中夹缀了数朵金片制成的花饰。两块带板纹饰相同，为猛兽咬斗场面。带板侧面分别錾刻"一斤一两十八朱""一斤一两十四朱"的记重刻铭。

2.《龙虎噬咬》

年　代：东　汉

馆藏地：徐州汉画像石艺术馆馆藏

尺　寸：纵 48 厘米，横 266 厘米，厚 32 厘米

　　《龙虎噬咬》中间刻翼龙、翼虎，四周刻边框。其中，上层边框内饰水波纹，下层框内刻翼龙、翼虎共四只，相互戏斗。左起有一翼虎和一翼龙，相互噬咬；中部一翼虎右行，翻转身体，口衔左侧翼龙足；右为一只翼虎，左向奔来，张嘴噬咬。虎首下方穿插一飞鸟，虎身后有两只玉兔，一上一下左向行走。

3. 拱式石梁建筑

年　代：东　汉
馆藏地：徐州汉画像石艺术馆馆藏
尺　寸：纵 47 厘米，横 180 厘米，厚 30 厘米

墓室横梁。有两个拱形门洞，正反两面有画且相同：正面画像熊、翼龙和翼虎。四周刻有边框。框内左右刻翼龙、翼虎，张口露齿，竞相嬉戏中间一熊，上边以云纹补白。熊为大耳、瞪眼、张口吐舌，双手上举，两后腿弯曲，呈正面蹲踞状。熊身裸露，乳房、肚子、肚脐突显。背面画像与正面相类，也是熊、翼龙、翼虎。画面只是在翼虎与熊之间加刻一小兽，小兽仅刻上半身，仰首张口。

4. 石柱

年　代：东　汉
馆藏地：徐州贾汪散存
尺　寸：纵 106 厘米，横 27 厘米，厚 24 厘米

墓室立柱。该石柱柱身上雕刻菱形纹纹饰。

徐州汉画像石中的外来文化

5. 龙柱

年　代：东　汉
馆藏地：徐州汉画像石艺术馆馆藏
尺　寸：纵172厘米，横24厘米，厚24厘米
　　墓柱。柱上分别在上下两层内刻有翼龙和异兽，形态生动。

6.《龙凤交颈图》

年　代：东　汉
出土地：江苏徐州铜山黄山汉墓出土
尺　寸：纵127厘米，横271厘米，厚20厘米
　　浅浮雕。门楣石刻。画面呈半圆形，分为两层，上层刻双凤交颈；下层刻四龙交颈交尾。此图刻在墓中后室，象征着墓主人"在天愿作比翼鸟，在地愿为连理枝"的美好愿望。边饰幔纹、齿纹、菱形纹。

中外文化的交流与互动

7.《行龙交颈图》

年　代：东　汉
馆藏地：江苏徐州贾汪区散存
尺　寸：纵88厘米，横138厘米，厚22厘米
　　浅浮雕。画面正中刻二行龙交颈合欢，旁有行龙异兽翻腾，其间有一飞鸟。边饰菱形纹、齿纹、幔纹等。

8. 交颈交尾的异兽（公元前4000年苏美尔人圆形印柱印面局部，现藏于法国卢浮宫）

9. 翼龙 双头鹰

年　代：东　汉
馆藏地：徐州汉画像石艺术馆馆藏
尺　寸：纵49厘米，横204厘米，厚45厘米

　　图像为翼龙、双头鹰。四周刻边框。左右边框内刻云纹。框内中间刻一只展翅舒尾、正面站立的双头鹰，鹰嘴相互接喙。鸟的左右两侧各刻一龙，张口露齿，有角和须，体生双翼，身饰鳞纹，龙首相对，昂首挺胸作前扑状。

双头鹰

中外文化的交流与互动

10.《西王母车马出行图》

年　代：东　汉
出土地：江苏徐州铜山茅村北洞山出土
尺　寸：纵 115 厘米，横 100 厘米，厚 20 厘米

　　画面分为四层：上层刻西王母、羽人、玉兔捣药等，《山海经·西次三经》载：玉山，是西王母所居也。西王母其状如人，豹尾虎齿而善啸，蓬发戴胜，是司天之厉及五残。汉代视西王母为西仙之首，是长生不老药的掌管者。中间二层刻重峦叠嶂、飞禽走兽和群兽戏舞，下层刻车马出行。

11. 墓窗（狮子）

年　代：东　汉
馆藏地：徐州汉画像石艺术馆馆藏
尺　寸：纵 112 厘米，横 90 厘米，厚 19 厘米

　　菱形墓窗，侧面浮雕为胡人相互叠压，下刻一张口咆哮的狮子。

12. 徐州汉画像石艺术馆大厅内的拱形门洞

作者简介

杨孝军 徐州市文化馆馆长,研究馆员。

"两汉文化看徐州"解读

李志强

摘　要　徐州作为我国历史文化名城和两汉文化发源地,在中华文明起源和发展以及两汉文化形成和发展的过程中,具有重要的历史文化地位,起着不可替代的重要作用。本文从五个方面阐释了徐州汉文化在中国乃至世界上的重要地位:两汉文物看徐州、黄帝文化与徐州、地域文化汇徐州、三教同源在徐州、中华易图现徐州。

关键词　徐州;两汉文化;赏析

在中华文明五千年的历史发展中,汉代是承上启下的伟大时代。徐州作为我国历史文化名城和两汉文化发源地,在中华文明起源和发展以及两汉文化形成和发展的过程中,具有重要的历史文化地位,起着不可替代的重要作用。如今,"两汉文化看徐州"已成为徐州城市文化的标语,怎样让徐州的汉文化影响全国、走向世界?历史的责任要求我们,要以辩证唯物主义和历史唯物主义为指导,立足徐州,放眼世界,建立徐州历史文化理论研究体系;要通过对徐州历史文化的鉴赏、辨析、学习和研究,提高历史自觉,坚定文化自信,促进社会进步,从而使徐州人民形成高度共识,热爱家乡,建设家乡,宣传家乡,为徐州的经济建设和文化发展作出应有的贡献。本文旨在抛砖引玉,敬请方家批评指正。

一、两汉文物看徐州

徐州的两汉文物历久弥新。在徐州博物馆、徐州龟山汉墓、徐州楚王陵兵马俑等地,在广大收藏爱好者那里,无论是馆藏还是民间收藏,大量珍贵的历史文物真实而生动地反映了徐州两汉文化的历史面貌和风采。我曾经与一位西安市领导探讨关于"两汉文化看徐州"的话题,这位领导认为"两汉文化看徐州"这个说法有问题,因为西安是西汉的首都,是汉代政治文化的中心,两汉文化首先应该看西安,怎么能说看徐州?我回答道:"您说得有一定的道理,但您对徐州还不够了解。"于是,我仅从徐州汉代文物资料的视角,向他做了如下介绍:

(1)汉画像石是徐州的"三绝"之一。汉画像石被称为汉代的百科全书,徐州地区收藏汉画像石(图1)的水平在全国名列前茅。可是西安没有汉画像石,其主要原因是西安地处黄土高坡,当地没有石材资源,实为遗憾。

图1 《力士图》(徐州汉画像石馆馆藏)

(2)徐州的汉代玉器佳天下,举世闻名。汉代西安地区虽然出土的玉器也很多,但在材质、艺术创作和工艺水平等方面与徐州出土的汉代玉器相比却相形见绌(图2)。

中外文化的交流与互动

图 2　徐州出土的汉代玉器

（3）徐州是汉代铜镜生产基地。中国古代青铜器发展到了战国、汉代时期，铜镜制作工艺达到了很高的水平，堪称是历史的高峰。在日本出土的、约公元238年制作的三角缘神兽铜镜有铭文"铜出徐州，师出丹阳"，说明当时生产铜镜的材料与徐州有关。特别是，前些年在徐州出土了数件铸造铜镜的陶范（陶制模具，现为徐州民间收藏家收藏），据考证其年代为战国晚期至西汉早期，说明徐州是战汉时期铜镜生产、制作的基地（图3）。据了解西安的还没有战汉时期铜镜陶范。

图 3　徐州出土的汉代铜镜

(4) 徐州汉兵马俑独树一帜。西安秦兵马俑号称世界第八大奇迹,其艺术风格以写实为主。徐州汉兵马俑、舞俑(图 4)等艺术作品以写意为特色,设计理念卓越,工艺制作精良,代表了我国古陶艺术的最高水平。这两种艺术风格独具特色,各领风骚。

图 4　徐州汉代舞俑

(5) 汉代的徐州在农业、纺织(丝绸)、交通(水上交通)等方面都取得了伟大成就,为推动汉代社会的发展作出了重要贡献,留下大量的文化遗产和文物史料,在这里就不一一作介绍了。

综上所述,是否可以这样认为:西安是汉代的政治文化中心,相当于现代的北京;徐州是汉代的经济中心之一,相当于现代的上海(东方雅典)。两座城市相得益彰,都为两汉文化的繁荣昌盛建立了历史功勋。

人们不禁要问,徐州历史文化渊源究竟如何?两汉盛世如何建立?要回答这个问题,请大家关注"黄帝文化与徐州"。

二、黄帝文化与徐州

徐州历史悠久,源远流长,起源于黄帝初都,历经蚩尤本据、大彭国国都、徐国国都、宋国国都、西楚国都,再到两汉发源地。徐州建城历史源于五千年前黄帝建都于此。徐州悠久的历史文化与中华文明五千年同源共脉,传承有序,在我国历史文化发展过程中的地位至关重要。说到中华文明探源就一定离不开黄帝。黄帝是华夏民族的"人文始祖",是中华文明的开创者,传说他种百谷、制冠冕、造宫室、定律历、创文字、建舟车等,创建了中国历史上第一个真正意义上的国家。

(一)汉画像石上的黄帝

三皇五帝是我国传统文化中具有人格与神格双重身份的古代帝王,黄帝是五帝之首。在汉代古史系统中,通过血缘文化追溯、历史功德论证与古史理论的建立,黄帝的历史地位逐步得到各民族的认知、接受和广泛认同,被供奉为中华人文始祖。汉代以降,自《史记·五帝本纪》以黄帝为五帝之首始,以黄帝为题材的艺术作品多有出现,已知最早的作品是汉画像石作品。试举三例以作说明。

1. "三皇五帝"汉画像石

东汉时期山东嘉祥武梁祠汉画像石上的《古代帝王图》(图5),从右至左分别是:伏羲、女娲、祝融、炎帝、黄帝、颛顼、帝喾、尧、舜、禹、夏桀。其中黄帝的榜题铭文是:"黄帝多所改作,造兵井田,制衣裳,立宫宅",记载了黄帝开创中华文明所建立的丰功伟绩。

图5 山东嘉祥《古代帝王图》(局部)

《三皇五帝和北斗星君图》汉画像石（图6）为徐州民间收藏爱好者收藏。如今在黄帝陵的祭祀大殿中树立的巨大的黄帝雕像，其摹本采用的就是这幅汉画像石黄帝肖像，雕像设计者在回答"为什么采用这个摹本"时说："只有一个原因——它最早。"

图6 《三皇五帝和北斗星君图》

2.《黄帝祭祀西泰山》与《涿鹿之战》汉画像石

《黄帝祭祀西泰山》（图7）与《涿鹿之战》（图8）为一块汉画像石上相对称的两幅图案。《春秋左传·成公十三年》曰："国之大事，在祀与戎……"即国家大事在于祭祀与战争这两件大事。该画像石记载了黄帝在取得了涿鹿之战胜利之后，祭祀西泰山的传说故事。该题材历史意义重大，艺术表现形式鲜明大气，是汉画像石艺术的代表作，具有极高的历史文化和艺术价值。该石现藏于徐州汉画像石艺术馆。

（1）《黄帝祭祀西泰山》

黄帝祭祀西泰山是黄帝历史文化中的一个重要事件。《韩非子·十过》较详细地记载了黄帝在西泰山举行祭祀活动的宏大场景："昔者黄帝合鬼神

中外文化的交流与互动

图7 《黄帝祭祀西泰山》汉画像石拓片

图8 《涿鹿之战》汉画像石拓片

于西泰山之上,驾象车(注:象车是用象牙做装饰的车。)而广蛟龙,毕方并辖,蚩尤居前,风伯扫进,雨师洒道,虎狼在前,鬼神在后,腾蛇伏地,凤凰覆上,大合鬼神,作为《清角》。"宋《太平御览》卷十五引《黄帝玄女战法》:"黄帝与蚩尤对九战九不胜。黄帝归于泰山,三日三夜雾冥。"西泰山,一般认为是指如今黄帝故里新郑的西泰山。《黄帝祭祀西泰山》采用写实艺术表现手法,西泰山呈平顶梯形状,以充分展现黄帝祭祀队伍宏大壮观的场景;在画像的中央,黄帝乘坐六马象车,彰显帝王之相;前有仪仗队招摇开路,凤鸟飞翔于天昭示吉祥,被斩落在马下的蚩尤象征战争的胜利;队伍中间有军队、鬼神、车骑;队伍后面有雷神、夔鼓助阵。在山下,与黄帝仪仗队伍"并辖"的队伍亦很壮观,有以凤凰、毕方(一种神鸟)、鸟衔鱼等鸟类为主的队伍助阵。该汉画像石记述了这个历史传说,是汉画像石作品的经典之作。

(2)《涿鹿之战》

《史记·五帝本纪》载:"蚩尤作乱,不用帝命。于是黄帝乃征师诸侯,与蚩尤战于逐鹿之野,遂擒杀蚩尤。"

《山海经·大荒北经》云:"蚩尤作兵伐黄帝,黄帝乃令应龙攻之冀州之野。应龙蓄水。蚩尤请风伯、雨师纵大风雨。黄帝乃下天女女魃,雨止,遂杀蚩尤。"

《太平御览》卷十五引《志林》云:"蚩尤作大雾弥三日,军人皆惑,黄帝乃令风后法斗机作指南车,以别四方,遂擒蚩尤。"

《管子·地数篇》云:"葛庐之山发而出水,金从之,蚩尤受而制之,以为剑铠矛戟,是岁相兼者诸侯九。雍狐之山发而出水,金从之,蚩尤受而制之,以为雍狐之戟芮戈,是岁相兼者诸侯二十。"

蚩尤属于南方的东夷部族,他有81(或72)个铜头铁额的兄弟(或部族),这或许暗示他们的军队已经装备金属盔甲。蚩尤冶炼金属作兵器,这与我国古代冶金史是相吻合的。战争激烈而残酷,由于风伯、雨师等众多神灵参与其中,因此风、雨、旱、雾等恶劣环境也成为战争的武器。

《涿鹿之战》的主要内容,表现了黄帝与蚩尤两军的战争场面。黄帝的军队由右向左进攻,其军队阵容强大,前有骑兵和手持各种兵器的步兵冲锋陷阵,后有作战指挥车(或指南车)和运输物资的牛车作支援,表现出良好的军备和强大的战斗力。蚩尤的军队由左向右迎战,军队被笼罩在形如蒙古包的团团雾气之中,是所谓"蚩尤作大雾弥三日"所施魔法。战争伊始,蚩尤的军队凭借施展雾气魔法,使得黄帝军队迷失方向进攻受阻。两军交战场面十分激烈,刀光剑影,横尸遍野。后来黄帝请来天神女魃、风后等破了蚩尤的魔法,蚩尤军队的"铜头铁额"被斩落于马下……黄帝取得了这场战争的胜利。由此确立了黄帝华夏民族人文始祖的地位,标志着中华文明从此形成,奠定了中华传统文化的根基。黄帝战蚩尤的"涿鹿之战"是中国古代历史上具有历史意义的著名战争,这是首次刻画在汉画像石上,可谓国之重宝。

3.《黄帝与河图》汉画像石

"河图"文化在我国传统文化中具有重要地位,被学界认为是《周易》的源头,因此也是中国传统文化的源头。《周易·系辞》云:"河出图,洛出书,圣人则之。"是说圣人伏羲根据河图、洛书始作八卦。在汉代"河图"纬书系列中,黄帝的神格特征较为突出,其中"黄帝拜河图"的故事具有一定的代表性。纬书《河图》云:"黄帝:余梦见两龙授图,乃斋,往河洛而求,有鱼折溜而止,鱼泛日图,跪而受之。"《河图始开图》也有同样的记述:"黄帝修德立意,天下大治,乃召天老而问焉:余梦见两龙,挺日图,即帝以授余于河之都。"故事中所言"日图"即"河图",其主要元素有:① 主人公黄帝。② 发生地在河洛。③ "日图"由鱼或龙所献。④ "日图"由黄帝所受。类似的记载还见于纬书《河图挺佐图》《龙鱼河图》《河图録运法》等。

在汉代,"太一"神也称为太阳神和北斗星君。汉代纬书《河图始开图》称:"黄帝名轩,北斗黄神之精"。《黄帝与河图》汉画像石(图9)的主图是一朵盛开的八瓣花。"花"通"华",意为"光华",即太阳的光芒。该画像中的"光华"纹样就是"太一"的标志。

图 9 《黄帝与河图》汉画像石(徐州民间收藏)

战国时期郭店竹简《太一生水》篇中说太一是化生万物的本源:太一生水,水反辅太一是以成天,天反辅太一是以成地。天地复相辅也,是以成神明。神明复相辅也,是以成阴阳。阴阳复相辅也,是以成四时。四时复相辅也,是以成怆热。怆热复相辅也,是以成湿燥。湿燥复相辅也,成岁而止。《太一生水》是先秦哲学史上一套最完整、最精致、最独特的宇宙生成论。①太一与古代宇宙观中化生万物的"道""易""太极"既相同又有所不同,相比之下太一更具有"神性"。主要表现在以下几个方面:

① 太一是万物之源。《礼记·礼运》:"夫礼,必本于太一,分而为天地,转而为阴阳,变而为四时。"

② 太阳神。江林昌先生在考证长沙马王堆3号墓帛画《太一图书》和湖北荆门战国墓"兵避太岁"戈后,认为"太一"即太阳神。

③ 星宿和星宿神。成书于战国中期的《石氏星经》有"太一"和"天一"等星官。《韩非子·饰邪》有"太一"星宿名。

④ 人体之神。《太平经》云:"俗念除去,与神交结,乘云驾龙,雷公同室,躯化而为神,状若太一。"

⑤ 太一化生与水关系密切。而"太一"之水与"日图"之水同根同源。

《太一与河图》画像石(图10)中四周饰有四组图案:左方(东方)是两条鱼;上方(南方)是朱雀和玄鸟;右方(西方)是鱼和人;下方(北方)是两条鱼;在整个图案的外围饰以水波纹。这样,以"太一"为中心图案,以"河图"的主要元素为辅图所构成的"河图"画像便呈现出来。

《黄帝与河图》画像石的内容主要表现三重关系。一是太一与水的关系:太一与水的关系同鱼与水的关系一样是密不可分的;二是天地人之间的关系:天上飞的鸟,地上走的人,水里游的鱼,天地人是构成世界的"三才";三是黄帝的神格特性与"河图"的关系:在画像的左边,有一人神态庄重地面

---

① 郭沂:《郭店竹简与先秦学术思想》,上海教育出版社,2001年,第139页。

中外文化的交流与互动

图 10 《太一与河图》画像石

朝"河图"行礼,虔诚膜拜的神态被刻画得惟妙惟肖,此人正是接受"日图"的黄帝。此"日图"即"河图",也正是在汉代流行于民间的"九宫图"。这幅图反映了东汉时期,在以神学化"天人感应"思想为主导的社会思潮中,谶纬思想如"祥瑞""灾异"说盛行的历史事实,《黄帝与河图》画像石是当时这类图谶的代表作,也是统治阶级将黄帝神学化并与阴阳五行思想相结合,以实现伦理道德目的论的重要工具。该图案是汉代河图文化符号的典型代表。

当前国内关于中华文明源头以及中国古代哲学思想的理论研究方兴未艾,我们希望通过黄帝文化与河图文化相结合的理论研究,更加深入地探讨河图文化的历史真相,为我国传统文化理论建设作出应有的贡献。

(二)五帝时期的重要历史遗迹——萧县金寨遗址

2019 年 10 月,国务院批准萧县金寨遗址为全国第八批重点文物保护单位。金寨遗址是新石器时代晚期徐淮地区的一处中心性聚落址,是皖北地区发现的范围较大、保存较好、等级较高的文化遗存,具有很高的历史文化地位。其考证年代为距今 4800~5200 年,而这一时代正是我国学界所认为的五帝时代。遗址地处苏鲁豫皖交界处,距徐州仅 35 公里。遗址出土了大量玉器,其文化面貌与良渚文化、大汶口文化、龙山文化较为一致,首次将大汶口文化中期的范围向南推进到皖北地区。同时与豫中地区、江淮地区、江汉地区、环太湖地区都有一定程度的交流。专家认为,金寨遗址对研究距今 5000 年前后中国中东部地区史前文化的交流具有以下两方面的重要意义。

(1) 据官方提供的数据,金寨遗址的总面积约为 50 万平方米,从目前已考古发掘 1200 平方米遗址取得的成果来看,这将是一个十分巨大的考古宝藏。萧县金寨文化研究会会长单光荣说,据实地考查,金寨遗址的总面积约为 100 万平方米,如果按照目前考古发掘的进度,要全部完成其考古发掘工作,需要 100 年时间。也就是说,金寨遗址还有大量的、重要的宝贵历史实物资料有待发掘,值得期待。

(2) 徐州与安徽萧县金寨遗址近在咫尺,从古至今地缘文化一脉相承,同属于一个历史文化系统。在 5000 多年前的彭城古都,华夏文明初现于金寨遗址,在此汇集了良渚文化、大汶口文化、龙山文化、齐家文化等不同文化类型。这种众多文化共存、融合的现象,展现出博大开放的胸怀和远见卓识的思想高度,以及黄帝文化强大的感召力和凝聚力。说明此时的彭城已经接近或已经进入文明社会。金寨遗址的存在无疑是黄帝初都彭城最有力的佐证。

三、地域文化汇徐州

"两汉文化看徐州"的实质,就是要看徐州丰厚的历史文化底蕴,而徐州丰厚的历史文化底蕴来自中国传统文化的滋养,主要表现在两个方面:一是历史源远流长,从黄帝初都彭城到刘邦两汉发源,历经三千年延绵不断;二是文化渊源博大精深。在五帝时代,黄河中下游、长江南北、长城内外同时出现了文明的曙光,各地域文化的发展都有自己的特色与路向。

关于徐州传统历史文化研究的方向及范围,我们认为应该是多角度、全方位的。既要有按时间为序的纵向研究,如以黄帝文化为源头的五千年历史;同时也要有以地域为范围的横向研究,如包括徐州周围地区的地域文化研究,因为徐州自古以来就是一个地域中心。

古彭徐州历史悠久,地域文化得天独厚。自古徐州尊居九州之列(九州即冀州、兖州、青州、徐州、扬州、荆州、豫州、梁州、雍州),有"自古彭城列九州"之说。《尚书·禹贡》记载:"海岱及淮惟徐州。淮、沂其乂,蒙、羽其艺,大野既猪,东原底平。厥土赤埴坟,草木渐包。厥田惟上中,厥赋中中。厥贡惟土五色,羽畎夏翟,峄阳孤桐,泗滨浮磬,淮夷蠙珠暨鱼。厥篚玄纤、缟。浮于淮、泗,达于河。"大意是说在海岱地区与淮河之间为徐州地域,并介绍了徐州的山水地貌和物产资源等。江林昌在《五帝时代中华文明的重心在海岱地区》一文中指出:五帝时期的海岱地区包括今山东全境,豫东、皖北和苏北地区,在这里,"从五帝时代到夏代,东夷民族所创造的古文明,实际是中华古文明从起源到早期发展过程中最先进、最重要的一支地域文明。"[①]古徐州地处中原腹地,地理位置四通八达,自古以来为战略要地,区域范围大致在今淮海地区。徐州北依齐鲁,东临大海,南面吴越,西接中原。自五帝时期以来,龙山文化、大汶口文化、良渚文化、中原文化、齐鲁文化、楚文化等多种文化在这里融汇交流,发扬光大,成为中华文明起源的源头之一。以齐鲁文化为例,西周伊始,随着齐、鲁两国的建立,齐鲁文化在东夷文化的基础上不断发展壮大,并在春秋战国时期达到顶峰。徐州及周边地区产生出儒家孔子、孟子、荀子,道家庄子,墨家墨子,阴阳家邹衍,兵家孙武、孙膑,法家管子等中国古代各学派及其代表人物。秦汉王朝建立后,齐鲁文化经过整合创新,逐渐融入秦汉大一统文化中,而成为孕育两汉文化的重要基因,

---

① 江林昌:《五帝时代中华文明的重心在海岱地区》,载《新华文摘》,2007年第1期,第64页。

滋养和哺育了汉代社会的发展。

人类社会的发展,是一种纵横交错一体多样的辩证统一的过程。就徐州汉代社会而言,从纵向看即历史发展的时间顺序,是从黄帝初都到两汉文化起源;从横向看即地域文化,是以徐州为中心向周边地域辐射。正是由于经历了社会发展的变迁,同时历经地域多元文化辩证统一的过程,徐州两汉文化得以在这片沃土生根开花,发展壮大。

四、三教同源在徐州

儒、释、道是中国传统文化的主要内涵,三教的分与合贯穿了近二千年的中国思想文化史,对中国文化乃至中国社会的变迁产生巨大影响。对于此种现象,历来学者以"三教合一"(指现实中的儒、释、道与《周易》哲学思想相融合)统而论之,或曰"三教合流"。历史上,关于三教的起源众说纷纭。我们从徐州历史事实的角度来追根溯源,以论证儒、释、道的产生与徐州的渊源关系。

(一) 徐州与儒教

笔者认为儒家和儒教的称呼是出于对儒学不同的观察角度,或者说是不同的认识角度,并非存在两种不同的儒学。儒家思想的创始人是孔子(前551—前479年),儒教的先师也是孔子。孔子的出生地在今山东曲阜。孔子的祖上孔父嘉,官居春秋时宋国大司马,辅佐宋穆公九年,后被华督杀害。据《世本》记载:"孔父嘉为宋司马,华督杀之而绝其世,其子木金父降为士。木金父生祈父,祈父生防叔,为华氏所逼而奔鲁,为防大夫,故曰防叔。"防叔是孔子的曾祖父,孔子之父叔梁纥(ge)是孔父嘉的五代孙。孔子及其家族史有两个节点与徐州有一定的关联:其一,彭城在春秋时期是宋国的国都,从这个意义上讲,孔子、墨子、庄子和惠子等四位圣人皆出自宋国,宋国被称为华夏圣贤文化的源头,还有"礼仪之邦"的美誉,宋国之初以商丘为国都,后迁都于彭城(图11)。其二,西汉武帝时设十三刺史部,徐州刺史部遂立,辖楚国、鲁国、泗水国、广陵国、临淮郡、东海郡、琅玡郡。(《汉书·地理志》)因此,无论是从地域文化还是人文文化来看,儒家的历史与徐州有着深厚的渊源关系,可以说,儒家文化是徐州地域文化重要的内容。

图11 古宋国地图

(二)徐州与佛教

古佛教产生于古代印度。唐代慧能奠定了中国佛教禅宗的思想理论基础,从此建立了以中国人思维及生活方式为基本教义,并与传统古印度佛教有根本区别的本土佛教。东汉时期佛教传入中国以后,与以儒道为代表的文化流派处在相互冲突和相互融合的复杂关系之中,儒、释、道在冲突中融合,在融合中发展,对中国传统文化产生了重要而深远的影响。

徐州东晋时期建立的龙华寺号称"中华第一寺"。该寺坐落在徐州铜山区茅村北洞山桓山西麓,也是中国第一座印度建筑风格的寺庙(山洞式)。北魏郦道元在《水经注·卷二十五·泗水》写道:"泗水西有龙华寺,是沙门释法显,远出西域,浮海东还,持华龙图,首创此制。法流中夏,自法显始也。"大意是说佛门弟子法显取经西域后,经水路(海路,在山东威海登陆)来到徐州古泗水河边首创建立龙华寺。法显(334—420),俗姓龚,东晋平阳郡武阳(长治市襄垣县)人,3岁出家,20岁受具足戒,东晋安帝隆安三年(公元399年),法显以65岁的高龄,与同学4人结伴,从长安出发西行,历经数年到达北天竺国。他是中国佛教史上的一位名僧,也是杰出的旅行家和翻译家。法显大师撰写的《佛国记》是我国传统文化的瑰宝。法显比唐玄奘西域取经早200多年。所谓"法流中夏,自法显始也",是说佛法进入华夏自法显起始,而法显在徐州建立中华第一寺龙华寺,是中国佛教的历史丰碑,也是徐州人民的骄傲!

(三)徐州与道教

鲁迅先生指出:"中国根柢全在道教,此说近颇广行,以此读史,有多种问题可以迎刃而解。"道教起源于东汉末年,道教的思想基础是道家黄老之学,黄老思想的开创者黄帝在彭城初建国都。道教创始人张道陵是徐州丰县人,徐州是中国道教的发源地。中国道教文化符号"太极图"也诞生在徐州,其意义重大而影响深远。太极图是中华文化的标志性文化符号。然而,太极图的产生却是千古之谜,其渊源众说纷纭,比如韩国人认为是他们发明的太极图(韩国国旗的图案)。其实早在一千八百年前徐州汉画像石艺术作品中,就已经出现太极图的原始形象。画像石以古代太极哲学思想为指导,以"天人合一"为理论基础,将古代宇宙观、元气论、道家养生思想和气功修炼方法融为一体,烘托出"一阴一阳之谓道"的主题,从而立阴阳之画像以尽太极化生万物之意,是为汉代画像石艺术为古代哲学思想服务的经典之作。而现在常见的所谓"阴阳鱼"太极图,是在"汉代太极图"基础上简化而成的,是被全世界公认的中国传统文化的经典文化符号。"汉代太极图"汉画像石的出现,说明道家思想和道教文化在徐州土生土长、根深蒂固,是徐州历史文化重要的实物见证。

徐州是儒、释、道三教合流的繁衍生存之地,是我国优秀传统文化的策源地之一。

五、中华易图现徐州

易图学是一门古老而新兴的学科。自20世纪90年代朱伯崑先生提出"易图学"概念以来,易图学成为研究中华传统历史文化的一门新兴学科,主要内容包括"河图""洛书""九宫图""太极图""天八卦图"等。[①] 所谓"古老",七千年前的人类始祖伏羲根据"河图"始作八卦,开启了中华文明之源,同时中国古代易学哲学思想开始萌发。"太极图"是我国传统文化的经典文化符号并享誉世界;"九宫图"自汉代以来就在民间广泛传播和应用。这些古老的易图与中华文明同源共脉、传承有序,以画像的形式记录了中华民族古老而悠久的历史,是名副其实的中华文明的历史画卷。因此,易图学研究是关系到中华文明溯源的重大理论课题。

汉画像石是易图最重要的载体之一。汉代是古代中国第一个经学社会,经学的主要内容是指周易、诗、书、礼、春秋五经,《周易》是群经之首,大道之源。汉代经学的一个重要治学方式是"以图配书",因此,易图是解读和注释《周易》的主要工具,也是汉代象数易学的重要组成部分。在数千年易学发展过程中,汉代继承了大量古易图的信息,并刻画在汉画像石、汉画像砖上,被较好地保留下来。近年来,我们在徐州汉画像石中发现了大量的古易图资料,如何保护和研究这些极其宝贵的资料并发挥其重要作用,是我们面临的重大课题。为此,我们将该研究课题定名为"中华易图研究",以中国古代哲学为主要内容,近年来已经取得了一些重要的研究成果,如《"汉代河图"画像石初探》(载《中国文化研究》2009年第1期)、《"三皇五帝和北斗星

---

① 李申,郭彧:《周易图说总汇》,上海:华东师范大学出版社,2004年。

君图"浅析》(载《紫禁城》2009 年第 5 期)、《汉代时空图式解析》(载《徐州师范大学学报》2012 年第 3 期)等。目前该课题正在深入研究之中,也希望得到大家的关注与支持。这是关于徐州汉画像石理论研究的重大突破,也是徐州两汉文化向纵深发展的新举措。

我们坚信,"中华易图研究"将成为徐州汉文化理论研究的重要组成部分,将为我国传统文化伟大复兴作出重大贡献,为徐州城市和人民争取更大的光荣。

六、结语

黄帝初都在彭城,两汉文化看徐州,彭祖养生八百岁,九州起源肇文明。三教同源汇成流,四绝[①]共享盛世功,中华易图展大业,传统文化我传承。

作者简介

李志强 徐州收藏家协会会长。

---

① 原有徐州汉代三绝(汉兵马俑、汉画像石、汉墓),个人认为应增加"徐州汉玉"一绝,故称"四绝"。

中外文化的交流与互动

认知人类学与外来词输入中土文化互动略论

王海龙

摘　要　汉语中存在现着大量的外来词。自先秦时代,这些从中土周边民族以及后来从域外流入的异域词汇就跟汉语文化进行了有效的互动,它们共同为中华文明的创造和发展作出了贡献。在中华文明史上,不同历史时期大都有外来词的引入和拓展。这些词汇带来了新的名物和概念,新的思想、宗教、科学知识和意识形态,它们有效地补充了汉语的词汇量、汉语的表达方式和造词、修辞方法。同时,外来词带来的不同思想、思维模式和表达形式也充实了汉语体系从形式到内容上的发展。特别是近现代以来,汉语中的外来词在中国新文化运动和近现代科学思想发展中起到了积极的作用。研究汉语外来词并不仅仅是个语言学课题,更是一个深刻的认知人类学和文化互动促进文化交流的综合命题。

关键词　外来词;语言学;翻译;认知;文化互动

一

认知人类学是文化人类学通过探讨人们的知识构成和意识形态研究来

解码其文化概念的一种新的科学。它通常使用认知科学的方法和理论来解释共享知识、文化创新以及它们随着时间和空间传播文化和概念的模式。认知人类学家往往与历史学家、民族志学家、考古学家、语言学家、音乐学家和其他从事文化形式描述和阐释的专家们密切合作来研究人类知识的深层结构和某种文明构成的概念、功能和要素。它关注来自不同文化群体人们的常识暨这些认知概念背后隐含的知识,以及这些概念携带的潜意识如何改变人们感知并促使其与周围世界建立新的联系的方式。[1]

若想对人类概念及其携带的意识有清晰的认知,最直接的手段就是通过语言研究来完成。认知人类学往往以原始语言概念确认为其达到研究认知的途径。它的方法多是通过对语言及其概念背后的语义进行分解来探讨不同文化间人们感知世界方式中所创造的共性和差异性来解码文化异同。[2]

虽然通过语言来研究认知是一个捷径,但人类的语言到底有多少种,几乎没人能够准确道出。因为语言是个历史和流动的现象,它不是静止的而时时处于消长变化状态。据联合国相关机构和专家调研,现在存世语言大约有六七千种。其中,亚洲是世界语言种类最多的地区,达2197种,非洲其次,达2058种,美洲1013种,欧洲则只有230种。但是这个数字在不断变化,随着多元文化和民族融汇等各种原因,很多语言在逐渐失去。这种语言消失现象在当代愈来愈突出。[3]

语言是人类交流的工具,不同语言在交流过程中有着互相影响,这就自然产生了外来词。外来词又称外来语、借用语、借词(loan word, alien

---

[1] D'Andrade Roy G. Towards an Analysis of Meaning, in *The Development of Cognitive Anthropology*, New York: Cambridge University Press, 1995.

[2] Naomi Quinn. How to Reconstruct Schemas People Share, from What They Say. in Naomi Quinn. *Finding Culture in Talk: A Collection of Methods*, New York: Palgrave Macmillan, 2005.

[3] Nicholas Evans, Stephen Levinson. The Myth of Language Universals: Language Diversity and Its Importance for Cognitive Science, in *Behavioral and Brain Sciences* 32, 429-492, 2009.

word, foreign words, borrowing word, hybrid word)等。近代以前,汉语曾使用过"译语""译名""译词""外国语"等词来指称外来词。这里面概念众多,但每一个概念中都代表着一个侧重倾向和相应的定义。总的来说,外来词指从不同语言中传入、借用的词汇;它一般被融入承借它的母语中,被广泛使用和接受,并在这种语言中起到帮助交流和理解的作用。如果达不到这一点或者只是临时被使用而随后被淘汰,或者只在小范围使用而不被大众传承接受,它就达不到外来词的功用。

外来词一般是本民族语汇中所没有的词汇和概念。一般情况下,它的借用除了带来新的词汇,也带来新的认知和概念。古代外来词的引入大多用音译方式,纯粹翻译的意译片语或解释表述性词语等内容通常不在外来词范畴内。

前面已经指出,外来词的概念、名目和定义有多种。不止是汉语,世界上大多语言都有外来词现象。比如说,俄语和俄国文学曾经受过法语很大的影响[1],而外来词也是现代英文构成的重要因素。有学者统计,现代英语中有大量词汇是从外族语中借用的,其中借词比例约占其总词汇的 4/5 以上。[2]

外来语对汉语和其表述的影响不止是语言本身,它还在认知、概念和传入新知识、新思想方面有一定的作用和意义。比如说"星期"看似一个词,实际上它代表着一整套历法和时间的观念。中国先古除了年、月、日的概念外,有"旬"和二十四节令的概念,虽有原始"七曜"说法但没有现代"星期"概念。它是后来从印度和西方引入的("周""礼拜"的时间概念)。同样,如"鼠标""克隆"这样的词带来的也是一个全新的语义甚至知识系统的概念。因此,外来语不仅仅是个语言学本身的课题,它也涉及文化传播和社会学等

---

[1] Smith May. *The Influence of French on Eighteenth-Century Literary Russian*: *Semantic and Phraseological Calques*. New York: Peter Lang International Academic Publisher, 2006, pp.29-30.

[2] Kent Roland G. *Language and Philology*. Cooper Square Publishers, 1963.

综合学科的知识。

根据语言学家的说法,"语言和各种方言之间……不存在于真空中"。人和人的群体之间总是存在语言接触,而联系就会影响到新词的产生,以及将哪些外来词编辑到词典中以及为什么选择这些特定的词而不是其他词。[1]

语言携带思想而且影响社会,这是今天人们的共识。同时,语言也表达一个民族独特的认知体系和文化特质。这方面经典的例子是爱斯基摩人的描写雪的词汇超过一百种[2],而印度语汇中却基本上没有描述雪和霜的词。阐释人类学家克利福德·吉尔兹曾经做过研究,在菲律宾边远部落,人们能辨识超过600种松科植物的名目,远比世界上收词最全的植物百科全书记述的名词还要多[3],盖因为这些词汇和知识跟他们的生命和实践活动相关。不只是外来词影响了一个民族的文化知识和概念的表述,一个民族的语汇也往往传承着这个民族特有的感受和概念分类系统。比如说,"针灸除有痛感之外,还会有酸、麻、胀的感觉。"这句话就无法译成英语,因为英美人并不认为酸、麻、胀有别于痛。也就是说,他们的认知系统和语汇里并没有区分这些感受的词汇。这方面更明显的例子还有西方人亲属关系名词里并不像中国人同类名词中那样细分兄弟、姐妹、伯叔、姑姨、堂表、舅甥等区别。其实,他们的不区分细节背后隐藏着他们全套的社会和经济原因。[4]

因此,语言所传递的信息并不仅仅是我们日常表述和交流柴米油盐的一部分,它也跟我们的理念认知、意识形态甚至取舍倾向以及政治立场有

---

[1] Hock Hans Henrich, Joseph Brian D. Lexical Borrowing, in *Language History, Language Change, and Language Relationship: An Introduction to Historical and Comparative Linguistics* (2nd ed.).Berlin: Mouton de Gruyter. 2009,pp. 241-78.

[2] Miller George A. The Scientific Studies of Language, in *The Science of Words*. Scientific American Library, a Division of HPHLP, New York, 1996,p.4.

[3] 克利福德·吉尔兹著,王海龙、张家瑄译:《地方性知识:阐释人类学论文集》,北京:中央编译出版社,2000年,第113页。

[4] 王海龙、何勇:《文化人类学历史导引》,上海:学林出版社,1992年,第371—372页。

关。比如说,有学者研究发现现代土耳其语在外来词汇使用的选择中居然带有着某种潜意识中的政治色彩:右翼出版物倾向于使用更多源自阿拉伯语或波斯语的词,左翼出版物则更多采用欧洲语言,而中间派则使用更多土生土长的土耳其语词根。①这种语源学和语用学研究居然让我们窥到了复杂的政治文化的一角。

外来词本身带来的文化思考在哪里呢?首先我们明白它是一种借用现象。为什么要借呢,一般是因为自己的母语中原来没有,不得不借。其实,语言表述并不单纯是个词汇问题,外来语携带着借来的概念或思想,这种思想的影响是潜移默化的。比如说,名词带来了新的概念或新物种,如"葡萄""琵琶""胡椒""菩萨""刹那""沙发""托福""霹雳舞";且不说这些词语背后的意识形态,即使仅仅在语言方面的语汇扩充、词义的拓展以及中文构词法方面(如在语汇词根、新词造词法、前缀与后缀)它们的贡献都是巨大的,值得我们认真探讨。

二

有趣的是,古代汉语中最早的外来词并不是一般语言学教科书上所说的源于外国的词汇,它们大多是来自今天的"中华文明文化圈"内部或者汉文化周边文化部族的词。也就是说,早期"外来词"进入汉语并非都是外国或者非中华民族语言系统来的词。②从古至今,中国各少数民族语言也对汉语词汇的发展作出了积极贡献。打开先秦典籍,我们发现其中除了华夏语言,里面也有中华文明外围少数民族语言的贡献。它们其后都是中华民族大家庭的一员,这些无疑也是"外来词"的渊源和语料源。

---

① Geoffrey Lewis. *The Turkish Language Reform: A Catastrophic Success*. London: Oxford University Press, 2002.

② 马祖毅:《中国翻译简史》,北京:中国对外翻译出版公司,1984年,第6页。

古中国文献记载,早在先秦时代,除了华夏文化带之中心地区的汉族,它周边也有着众多的民族和文化社区。这些部族是汉族的邻居和亲戚,使用着不同的语言,但他们并不是"外国人"。那时汉语使用者在跟这些亲戚和兄弟民族打交道时有语言的不同,因此早在远古,就有翻译这个职业的需要,自然也就带来了其他族裔的语言和概念。《礼记·王制》曰:"五方之民,语言不通,嗜欲不同。达其志、通其欲,东方曰寄,南方曰象,西方曰狄鞮,北方曰译。"①当时"翻译"的名称没有统一,它有四个名字:东部人称它为"寄",意思是寄托,把自己的语言用"寄"的方式传递成另一种语言表述。而南方呢,用"象"也代表把自己的话用相似的内容换成另一种语言来说。西部地区翻译名称"狄鞮"说法有二解:一说"狄"代表西方部族,"鞮"古意是"知,通晓",意思是通晓狄语的人;另外一说"狄鞮"是西域古地名,借指通其语言者。而北方称"译",即在不同语言转换其意以利互相理解。它言简意赅而且说明真相,最后"译"字胜出,成为翻译的规范名词,其他三种名称被淘汰。

上古史料载,最早中国周边部族多无文字,所以那时翻译一般都是口译。他们口译以后的语言材料被用古汉字记录,成了最原始的译文。那时的口译人员也被称作"舌人"。

史籍载,春秋时期被尊为楚辞最早源头的《越人歌》就是一首翻译作品。这首越人赞美楚国公子的歌词曰:"滥兮抃,草滥予,昌枑泽予,昌州州,州𩵞乎秦胥胥,缦予乎昭澶秦踰,渗惿随河湖。"此乃原始越语记音。楚公子请人翻译后,竟是一首美丽婉转千古的歌词:"今夕何夕兮?搴舟中流。/今日何日兮?得与王子同舟。/蒙羞被好兮,不訾诟耻。/心几顽而不绝兮,得知王子。/山有木兮木有枝,/心悦君兮,君不知。"从呕哑嘲哳的山歌被翻译成美丽袅娜的汉语,它美丽了不止两千年。而中国诗歌史上另一首气概雄浑苍

---

① 陈澔注:《礼记集说》,南京:凤凰出版社,2010年,第104页。

莽的《敕勒歌》也是一首少数民族歌词,它由鲜卑语译成汉语。但它们的表述后来都成了典故;而这些美丽的诗歌语言和携带着的情感如"今夕何夕""风吹草低"等美丽意象都渐渐融入了中华民族语言而成了标志性的外来语言符号。

另外,中国最早大规模有意识的翻译行动是佛经的翻译。据《魏书·释老志》载,西汉武帝"及开西域,遣张骞使大夏。还,传其旁有身毒国,一名天竺,始闻有浮屠之教"。——请注意,这里记载古代印度国名就有"身毒""天竺"等异名,而佛教的初名称"浮屠"教。其后,有史料载,在公元前二年即西汉哀帝元寿元年就有人翻译过《浮屠经》。其根据是《三国志·魏志·东夷传》裴注所引鱼豢《魏略·西戎》中的一段话:"天竺有神人名'沙律'。昔汉哀帝元寿元年,博士弟子景庐(《魏书·释老志》作'秦景宪')受大月氏王使伊存口授《浮屠经》。曰'复立'(《世说新语·文学》篇注引文作'复豆',按宋徐铉《说文解字注》,'豆','徒候切'。'复豆'与'浮屠'同音)者,其人也。"① 由此可见,除了作为外来词的印度国家的名称有不同称呼外,佛教最早被引入中国时的外来词名目上也有"浮屠""复豆"诸名;而且传授佛经的神人名字也有"沙律"和"复立"等不同的译音。这些事实,足以使我们得知在早期外来词引入时译名和译音有时候是比较混乱和缺乏规范的。

外来词是一个非常复杂的文化和语言学现象,对它的研究已经跨越了语言学、语源学和比较语言研究本身的疆域而成为人类学研究的经典课题。引发笔者选择这个话题的原因是我发现了解外来语的知识特别是研讨外来语对现代汉语的影响在理解现代汉语的词汇、语法乃至构词法上都有举一反三的效果;这里折射出了现代汉语发展的很多有益的知识,因而掌握这些知识是有利于学习这门语言的一种捷径。

本文的宗旨不囿于考证外来词的理论、渊源和探究其流变,还在于了解

---

① 转引自马祖毅:《中国翻译简史》,北京:中国对外翻译出版公司,1984年,第13、10页。

外来词对汉语的影响以及如何利用这些知识来有助于二语习得,找寻方法、举一反三,帮助学习汉语的外国人有效地扩大词汇量,从而更加有效地增进其汉语知识,提高他们用汉语理解现当代中国社会和文化的能力和语言应用水平。

三

外来词进入汉语的典型阶段暗合了中华文明与世界其他文明交流和互动的时段,而且它跟中国翻译史上的几大活跃时期是有关联的。

语言交流无疑是文化交流和互动的产物。考察外来语集中进入中华文明和汉语的现象,应该跟中华文明发展的几个特殊时期有着内在的关系。其中,它们大致上在以下几个时期有比较集中的表现:

第一个时期大约是先秦时期,随着华夏民族通过丝绸之路跟周边民族和国家的交往带来了语言共通和借用。

第二个时期应该是在东汉以来佛教文化的引入和佛教经典的翻译阶段。

第三个时期乃是元明以降外来基督教、天主教、伊斯兰教等文明介入中国及其意识形态对中国的介入和影响的时期。

第四个时期乃是近现代西方人文科学和科技文明大量涌入中国的时期。这个时期对欧美语言外来词的引入,其中特别以对日本词汇的引入为大宗。这些内容,我们下面会详细分析。

虽然语言本身没有文化上的价值高低之说,但语言的持有者和借用者之间有着内在的收受和授受关系。语言和词汇本身没有优劣和强势、弱势之分,但语言学中的借词现象一般多为输出国占有被需求的位置,而输入国属于需求借鉴和引入的一方。这中间是有潜在和微妙的供需—求贷关系的。

考察最早期华夏汉语借词和汲取外来词现象，我们发现，在先秦时期借入的外来词以地理、方物等名词多，而社会和文明方面内容略少。这一时期由于跟华夏外部族交通和文化互动，汉人发现了域外文明和风土人情，特别是引入了华夏文明外的一些植物和器物等，带来了一些域外词汇如"月氏""苜蓿""石榴""琵琶""箜篌""骆驼""狮子""烟支""鲜卑"等外来词。

从内容上看，上面的外来词多是表示具体事物和概念的名词，这是与中国当时的经济文化情况密切相关的。汉语学家向熹认为，从先秦以迄隋唐，汉族经济、文化、科学水平一般比西域诸国要高一些，汉语借入的词里几乎没有关于经济、政治、文化方面的内容。关于此期外来词研究，也有学者考据在天文地理等方面亦有外来文明和外来词的影响，如郭沫若、岑仲勉、苏雪林等人关于楚辞和屈赋中外来词的考据文章等可补充上面的观点。

第二个时期是随着佛教引入华夏所带来的佛教、印度和与之相关文明文化方面词汇的引入。这个时期经历了好几个世纪，特别是随着佛经翻译和佛教文化在中原文明区域的推广，有大量携带其意识形态的词汇融入汉语，它们影响了汉语文化的发展。如"释迦牟尼""佛/佛陀""罗汉""阎罗""魔""和尚""僧""沙弥/沙门""头陀""比丘""塔""刹那""涅槃""珈蓝""缘""菩提""瑜伽""忏""劫""禅"等等。这一个时期的外来词不止在名物方面而更多的是在意识形态方面，这是本期外来词引入的一个比较明显的特点。这些外来词概念不止影响了当时而且影响到现在。它们已经融入了中华文明而成了汉语词汇的一部分。

第三个比较显著的时期为元明清时期。这一时期融入汉语的外来词包括两个部分。一个部分是此期统治者携带有外族文化因素，他们把自己的民族语言的部分内容渗透进了汉语的语汇。如元代统治者带入的"可汗""喇嘛""胡同""海子"（北海、中南海、后海、什刹海）"戈壁""猞猁""哈叭狗"等；满族统治者带入的"固伦""牛录""贝勒""格格""额驸""福晋""笔帖式"

"戈什哈""包衣""萨其马""芦荟""阿芙蓉/鸦片"(后创词汇)等。这些词汇大多影响不大而流变成了一种语言遗存和活化石般的存在。蒙古和满族统治者虽然携带了他们民族的外来词,但其主流文化迅速被汉文化同化而融入了中华文明主流语言。此期统治民族外来语的特点一是它们的数量本身很有限;二是它们的局限性很大,大都只在小范围(族内)使用,虽然被主流文化知悉,但因其所涉内容跟一般人关系较隔,这些词并没有形成百姓日常语言的一部分;三是这类借词的生命力不强,往往因其统治者失权后即在短时间内就消失了。

与之相比,这阶段进入中华文明圈的外国语外来词却生命力较强大,起到了非常重要的历史作用。明清时期,整个世界格局发生了巨大变化。特别是西方经历了文艺复兴以后出现了突飞猛进的发展。这一阶段的欧洲试图向亚洲拓展自己的影响势力,因此与中华文明有了更多的接触,这种客观形势造成了双方更多的文化交流,因此引发了新一波的语言交汇和借用情形。

这一时期从欧洲文化中引入中土的外来词较多,携带的是异域文明的一些概念和意识形态。最早引入的是宗教及与中土文明不太相近的内容,跟百姓生活关系较疏远。如天主教、哲学、天文学、科学、物理和化学、逻辑等方面的术语。同时,此期也有少量伊斯兰文明和其他文明的外来词引入。在中国南方也有跟南亚文化接触,通过少数民族有少量的外来词渗入。但基本上没有大的社会影响。

外来词在中国大范围内造成影响并成气候是在晚清和鸦片战争以后。在这个历史时期,随着对国势和政治经济形式的思考及需求,中国读书人开始睁眼看世界,大量翻译了科学著作和人文社会科学著作。一时间,外来词开始涌入汉语体系。

这些外来词不止是在语言上带来了新鲜感,也在知识上和理念上也引发了新思考和思想革命。例如"科学""革命""民主""人权""德先生/赛先生""新闻""国会""政治""法律""铁路""乌托邦""沙皇""布尔乔亚""普罗大众""纳粹""杯葛""蒙太奇""阿司匹林""马达""沙发""咖啡""雷达""酒吧""来复枪"等,五花八门,这些词汇带来的不止是词,而是另一个世界。

再其后,另一波大的外来词潮流来自日本。日本的情形比较复杂,因为它曾经是汉语的输入国,其后它通过率先学习西洋而拔得先机。日本"维新"成功后成了晚清文人的榜样。故从日语转贩大多科学和人文社会科学名词。如"国体""共和""主义""法庭""保释""元老院""宗教""经费""银行""证券""国债""主任""图书馆""公园""解剖""统计""卫生""参观""运动会""体操""保险""电灯",等等,大家已经可以看出来,这些词汇差不多囊括了我们生活和知识的方方面面,有的我们几乎已经很难意识到它是外来词了。

日本词汇进入中国的情形和范畴比较复杂,其中有的是日语翻译西方的词汇转而又变成新词影响了汉语,另有日语采用汉语原有词汇旧瓶装新酒注入新意而变成的"混纺"外来词。此外还有日文加古汉语词义综合又制造成外来词等等,我们后边会再讨论。①

最后一波外来词进入汉语的高潮发生在20世纪中期和下半期。这一时期的外来词受到了社会政治的影响,有一段时间偏重俄语外来词的输入,如"康拜因""布拉吉""杜马""拖拉机""喀秋莎"等。其后经历改革开放,西方词语如开闸般涌入今天的词汇,从"航天飞机""国会山""常春藤盟校"到"雪碧""七喜""乐透奖",再到 GRE、GDP、MBA、IBM、BBC、CNN 等,外来词的引入进入了一个全新的时代。

四

外来词之所以被命名为外来词,就在于它有非常独特的辨识度,这种辨

---

① 史有为:《汉语外来词》,北京:商务印书馆,2000年,第166—169页。

识度就是它有"洋气"和"舶来"的胎记。其特征是外来词一般以异域音译为主。譬如,在前面列举的外来词中比较明显的特征是外来词跟华夏中土的词汇发声有异。从古至今,不管中西、无论夏夷,它的这种特征一直是比较明显的。如早期外来词中的"苜蓿""烟支""石榴""琵琶""骆驼""箜篌""单于""月氏"等皆是显例。

到其后,佛经翻译时这个特征也很突出。"释迦牟尼""佛陀""阎罗""涅槃""菩提""曼陀罗""禅",无论音节多少,差不多接触这类词,不管是听到还是读到,不变的是它神秘的异域情调;即使是古时候没受过教育或读写训练的文盲百姓,也能从容指出这类词不是中国人本土的声音。

再往后或渐趋近代的外来词,这种特征就更加明显了。当然,这类谐音有的明显,有的不明显,有的中文配音配得雅致而得以流传,有的却因声音不睦或不雅而被淘汰。如总统被译成"伯理玺天德"(president)、灵感被译成"烟思批里纯"(inspiration)、民主被译成"德谟克拉西"、资产阶级被译成"布尔乔亚""豪右"(bourgeois)、亲吻被译成"开司"、奶油译成"白脱"(butter)、饼干译成"克力架"(cracker)、电话译成"德律风"、"晚会"(party)译成"派对""趴"等佶屈聱牙的名称就渐渐被摒弃了。

与之相反,像"喇嘛""戈壁""胡同""菩提""橄榄""豆蔻""沙发""咖啡""摩托车""荷尔蒙""乌托邦""雷达""幽默""逻辑""图腾""维他命""马拉松""麦克风""华尔兹""探戈""扑克""高尔夫""奥林匹克""蒙太奇""夹克""开司米""法兰绒""白兰地""沙拉""克隆"等外来词就因其音—义的吻合被大众广泛接受而存活了下来。

作为一种跟中土文化完全没有任何渊源的词汇,它们能够在另一种语境中被接受并能够存活下来,这里面的缘由不是偶然的。其中,我们大约能够发现一些外来词在融入汉语词汇中所践行的、值得思考的特点如下:

(1)上口。好的外来词译名应该比较亲民和容易被民众采纳。如"可口可乐""尼龙""的确良""百事可乐""台风""乌托邦""卡通""白兰地""马拉松"等，都除了音似以外还易懂，在进行交流时这些词汇也比较容易传播和被扩散。

（2）易认。好的外来词形式在被人汲取时不故弄玄虚、不选取生僻字，而是选用百姓喜闻乐见和便于理解的词汇。如"扑克""胡同""市场""公园""图书馆""卫生""铁道""投票"等，都非常亲民而且本土化。

（3）便于记忆。成功的外来词介绍时大多有描写性和解释性。如"黑板""电灯""摩托车""电视""冰淇淋""统计学""奥林匹克运动会"之类，即使刚刚引进时一般人不熟悉其内容特征，通过其字面上的描述性，人们就能八九不离十地了解其所指的内容或用途、定义等。

（4）音—义和谐性。比较成功的外来词能够在中土生根，与其符合汉民族的民俗和表达习惯以及考虑到百姓的接受习俗也有关系。比如说，一般的译名或译音应该不存在晦气、凶险或不吉利的字和发音。同时，好的、能生下根来的外来词一般还要有一种音—义相关的和谐性。比如"雷达""幽默""图腾""保龄球""呼啦圈"等译名，都有一种百姓心理接受度的因缘在起作用。

（5）保留适当的异域情调色彩。除了在译音和理解上平衡民众接受的"度"以外，成功的外来词引进还要注重保留一定的陌生感和异域色彩。如古代的"葡萄""苜蓿""琵琶""石榴"等都是显例。而当代科技和新物品概念引入时这方面的特征尤为明显，如"克隆""法兰绒""声呐""比基尼""迷你裙""迪斯科""拉力赛""欧佩克""嬉皮士""卡那霉素"等。

（6）近年来随着一般百姓外语水平的普及，有的外来词就直接以外语字母词的原型形式出现，这在以往是没有或不多见的。如 WTO、GRE、CNN、MBA、GPA、IBM、UFO、CD、DVD、CT、VCR、TV、MTV、KTV、SOS 等；还有外文跟汉字合作的外来词如 X 光、B 超、三 K 党、AA 制、A 股/B 股；甚至还有中国自造的这类字母缩略语输外词，如 CCTV、RMB、GB、HSK 等。这种新的字母词现象现在还在发展中，对它进行总结和评价尚为时过早,但是它无疑也是不能被忽略的一种外来词引介和发展的语用现象。

外来词研究中值得一提的还有一种内容,就是外来词引入汉语时往往有不同的名称或异文现象。比如说,汉代古歌谣《匈奴歌》乃译入的外语诗歌:"失我焉支山,令我妇女无颜色。失我祁连山,使我六畜不蕃息。"(此歌本为匈奴人所唱。传汉武帝时派卫青、霍去病出击匈奴,夺取焉支山和祁连山。匈奴人败逃悲伤而作此歌。《十道志》曰"焉支、祁连二山,皆美水草。匈奴失之,乃作此歌。"《汉书》曰:"元狩二年春,霍去病将万骑出陇西,讨匈奴,过焉支山千有余里。其夏,又攻祁连山,捕首虏甚多。""祁连山即天山,匈奴呼天为祁连,故曰祁连山。焉支山即燕支山也。")古籍所指,"胭脂"一词异名很多,又称焉支、烟支、烟脂、燕支、姻脂、臙脂、阏氏、嫣脂、肉支、月支、月氏等,甚至有人考证这"焉支山"就是阴山①(即所谓"敕勒川,阴山下"之阴山)。于此可见,一个名词外来语有可能在翻译和引入过程中发生很多的异变、嬗替和误释现象。

另一个外来语名称嬗变的例子是"葡萄"一词。在"葡萄"成为正式名称以前,它也曾有过多种书写形式。如在《史记》和《汉书》中它最早出现时采用的是"蒲陶"。《后汉书》里开始使用"葡萄"。而《魏书》里使用的是"蒲萄"。唐、金、明时译名用过"蒲桃"。金末元初诗人元好问著有《葡桃酒赋》,用的是葡桃。其后,在古代典籍中,蒲陶、蒲萄、葡桃、蒲桃、李萄等一直混用,直到近代方逐渐统一。但有趣的是,近来有译法竟将葡萄的一种译作"提子"(恰如有人将樱桃译成"车厘子"),这是根据中国南方某方言发音谐音翻译的。这种不规范译音却被市场界别出心裁地利用其发音怪异的名目"洋气"特征来营销赢利,乃外来词的使用被商业利用为吸引某些追求异域风情者消费心理所为的案例。这种现象,则应是超出语言学课题以外的社会心理学案例了。

---

① 转引自马祖毅:《中国翻译简史》,北京:中国对外翻译出版公司,1984年,第6页。

五

外来词在汉语构成和发展史上有着重要的意义。据研究,凡世界性流通的语言皆很难拒绝外来词的加入。外来词是丰富民族语言的一个重要内容。我们前面回顾了外来词从古汉语时代就为中华文明和语言的构成作出了贡献。在近代和现当代,外来词对汉语和中国文化的发展更是起到了重要的作用。

晚清以来,随着国际形势的变化,西方思潮向中国涌动,其意识形态影响中国的手段首先要通过语言的传递。因此,19世纪后大量的外来词涌入中国。这个时期,中国也发生了社会变革和文化革命。特别是开始提倡白话文"我手写我口"的主张。白话文加上大量外来词的采用成了近代中国新文化运动的有力推手。

新文化运动和意识形态革命是个宏大话题,落实到本文注重的在其技术层面暨语言文字研究中的一个小侧面的外来词研究方面,它对今天人们的表达和语言使用有着什么样的影响呢?此外,这种外来词引入和使用对学习汉语的外国人即二语习得者有什么启发和意义呢?这是我们本文试图探讨的一个问题。

首先,外来语带来了全新的思想和意识。前面已经多有展开,此不赘述。

其次,在汉语语言和词汇的发展中,外来语增添了大量的词汇和相关知识,丰富并充实了语言表达的内容。

再次,除了在量的积累方面作出了贡献,外来语也在语法和语义上对汉语表达作出了很多篇章和语用方面的启发。因为本文重在讨论外来词,这方面的展开容另文专书。

就词汇拓展方面,外来词对现代汉语发展和构词模式等方面有着积极的贡献,主要表现在以下三点。

(1) 除了外来词本身传递意义以外,有些外来词不仅是单独引入成了词汇,而且成了构词的要素,从而成就了活跃的语素—构词—扩词的功能。比如说,沙发、的士、葡萄等,可以构成新词如沙发套、组合沙发、沙发垫、沙发床、单人沙发、真皮沙发等;的士可组成新词打的、面的、的哥、的姐等;葡萄可生发成葡萄酒、葡萄干、葡萄糖、葡萄球菌等。这种构词法在现代汉语中已经成了司空见惯的现象,它为丰富现代汉语作出了贡献。

(2) 外来词携带的概念对现代汉语构词和派生新词方面有着很大的启发和贡献。外来词一般携带新概念或新事物,所以它们的内容往往不是单一而时常以范畴和类别性质呈现。这样,如果我们把外来语携带的本义为词根(word-roots),它们就很容易被一些词缀如词头、词尾的形式来归纳或类型化。同时,外来语的组织形式有语法学意义上组词性的前缀(prefix)和后缀(suffix)的意义。如果加上这些词缀,它很容易成为一个范畴性的概况或者新的领域。如"性"可以被扩充为"世界性""实践性""革命性""理论性""重复性""充分性"等多方面的语义。"化"可以延伸成"现代化""民主化""民族化""封建化""法西斯化""艺术化""一元化"等。以此类推,外来语携带了不少这方面模式性的例子。

在现代汉语中,这方面比较突出的有"性""化""家""员""师""素""品""星""坛""风""门"(如:水门、艳照门、露点门、拉链门、派对门)"盲"等一系列后缀语和"超""后""次""反""泛""高""微""亚""准""半"等前缀造成的广大词义组合。这些外来词组成的这类前缀、后缀组合带来的意义不仅是扩大了汉语词的表现力,而更重要的意义还在于帮助汉语的使用者和习得者更容易地扩大并拓展词汇量,从而在方法学上更加有效地学习和掌握汉语构词知识。

(3) 外来词的引入和选用也促进了持汉语为母语者认识本民族语言的意义,从而对古汉语现代意义的发掘和语义研究革新方面提供了新的启示。

比如说,近代日语词的引入对我们这方面的研究就有着极大的启发意义。

毋庸讳言,在近代文化发展中我们从邻国日本引入了不少外来词。总的来讲,日本外来词对现代汉语词汇内容的影响不可低估。对日本外来词进入汉语方面的内容,学者们又细分为:① 日语自创造汉字新词。② 古汉语新用的日语词(日造汉字词)。第一种类型比较容易理解,即日本人利用他们使用的汉字翻译西方概念并创造的全新的词汇并被引介到了现代汉语中,如"共产主义""法律""无神论""解放""阶级""政府""服务"等。第二种类型比较有争议如"革命""自由""民主""社会""经济",这些词中国古已有之,但是日语使用它们承载了新的内容。③ 属于早期西方人来华传教或翻译创造的汉语名词但在过去不太为中国人注重,后被日本借用、又出口转内销而产生影响的词,如"天主""亚当""复活""造物主""祈祷""几何""人类""文学""数学"等。

在现当代,中国跟西方国家直接交往增多而无须通过日本的中介;另外,现代日语翻译外语也大多使用日本译音而不再使用汉字表述,这都影响了日语作为外来语对现代汉语的影响。尽管如此,我们还是不可低估它对今天汉语词汇的渗透。如现在人们仍然使用的"吐槽""腹黑""攻略""达人"等,仍然看出日语有着比较大的影响力。

外来词的发展是随着一个民族和一种文化跟世界交流的过程同步的。只要这种交流和发展不停止,外来词的生命就不会结束。在这种意义上,我们研究汉语中的外来词现象就是研究语言学意义上的中外文化和文明互动的交流史。因此,认真地探析从古到今外来词在汉语中的引进、意义和发展,对我们了解汉语史以及中华文明的发展史都是有意义的。而且,了解了这种中华文明和世界文明互动的过程,对我们了解汉语在语言和文化意义上的未来发展以及更好地融入世界多元文明、在语言上对人类文明作贡献方面都将有着积极的意义。

作者简介

王海龙 旅美文化人类学者,作家,美国人类学会会员,美国影视人类学会会员,现任教于纽约哥伦比亚大学。

略论英译《板桥家书》中儒道文化的对外传播①

高青龙　樊倩倩

摘　要　林语堂作为一名出色的翻译家,在20世纪成功地借助翻译实现了他"对外讲中"的愿望,也为后人树立了"中学西传"的榜样。本文以林语堂英译的《板桥家书》为研究内容,分析林语堂对西方传达的中国儒道文化,以及在传播过程中所采取的方法策略,以期为《板桥家书》的相关研究添砖加瓦,加深读者对译文和原文的理解,为当代传播实践者提供一定的借鉴和指导,进一步促进中国文化的对外传播。

关键词　林语堂;《板桥家书》英译;儒道文化;对外文化传播

20世纪三四十年代,林语堂在对外文化传播中作出了极大的贡献,他是中国文化对外译介的典型个案。林语堂的英译作品向国外读者传递了中国形象,减少了国外读者对中国以及中国人民形象的误解。林语堂在跨文

---

① 本文为国家哲学社会科学基金青年项目"中国梦与美国梦的比较研究"(项目号:14CZX010)的阶段性成果。

化传播中所体现的"中国腔调"为当代中国文化对外译介提供了诸多启示并留下了宝贵的财富,为当代中国文化走向世界以及中国梦的对外宣传留下了可资借鉴的重要参考。

《板桥家书》是清朝著名的书画家、文学家郑板桥写给其弟郑墨进行各方面教导的家书,是我国传统的儒家"齐家"文化的代表作,蕴含着丰富深刻的中国儒道文化。林语堂对这本家书进行精心翻译,译本中所蕴含的中国传统文化和他的英译珠联璧合,对外传播了中国儒家的仁爱平等及道家的道法自然的传统文化。林语堂的英译《板桥家书》一方面可以引导现代家庭学习郑板桥的优秀思想,树立良好的家风家训;另一方面也为当代文化传播者树立典范,指导文化传播在立足本民族文化的前提下,将中华文化融入传播实践。

一、儒家仁爱平等文化的书写与传播

五四运动之后,世界文化局面发生改变,进入一个新的时期。国内自由文学创作的空间在逐渐扩大,受西方文化的影响,中国知识分子认识到推动中国文化走出去的必要性。在这个过程中,中国文化必然成为世界新文化建构中一个不可分割的组成部分。在国际范围内,儒家文化对法国的启蒙运动也产生了一定的影响,伏尔泰等人都用孔子的思想来推动他们的主张,并且通过法国思想,又间接影响到了美国民主思想的发展。

(一)关爱生命

"己所不欲,勿施于人"是《论语》中最能代表儒家文化推己及人的一句话。《板桥家书》中的《焦山双峰阁寄舍弟墨》一文最能表现这种思想:

"郝家庄有墓田一块,价十二两,先君曾欲买置,因有无主孤坟一座,必须刨去。先君曰:'岂有掘人之冢以自立其冢者乎?'遂去之。但吾家不买,必有他人买者,此冢仍然不保。吾意欲致书郝表弟,问此地下落,若未售,则封去十二金,买以葬吾夫妇。即留此孤坟,以为牛眠一伴,刻石示子孙,永永不废,岂非先尊忠厚之义而又深之乎!"①

林语堂译文:"There is a cemetery lot at Hochiachuang, which costs twelve ounces of silver. Father once wanted to buy it, but in account of a grave without an owner there, which had to be removed, he said, 'Alas! How can one dig up another person's grave to make room for one's own?' Father therefore never did buy the lot. But if we don't buy it, someone else will, and that ownerless grave will be dug up. I am thinking of writing to cousin Ho to find out what has happened to it. If it's not yet sold, I shall send him twelve ounces of silver and buy it for burial ground for myself and my wife. We shall keep that grave as a companion and set up an inscription in stone asking our posterity never to disturb that grave."

郑板桥的父亲不愿意掘掉别人的坟墓,所以不肯买有无主孤坟的墓田。郑板桥却愿意让无主孤坟保留下来而买下这块田,将自己夫妇二人死后葬在此处以保护这座孤坟,清明祭扫之时也要同时祭扫。父子二人传承了相同的"推己及人"的思想,并关爱死后的孤坟野鬼。

首先,立足传播中国文化的角度来看译文中的"twelve ounces of silver"。"两"表示计量单位,很难在英语中找到相对应的词语来表示,译文用模糊的概念表达了12两,但欧美的盎司与中国的"两"并不是一样重,所以与实际的12两是不相符的。林语堂并没有太注重这一点,并且还在后面加上了"of silver"以表示中国银子的属性。这种翻译糅合了东西两种文化的异同点,采用半归化半异化的方法让读者对"两"有了基本的认识。其次,林语堂将"坟墓"一词的翻译添上了拟人的温情,用"companion"弱化坟墓

---

① 郑板桥著,林语堂译:《板桥家书》,天津:百花文艺出版社,2002年。以下本文所引《板桥家书》中文字,均出自本书。

所带来的孤零零的感觉,温暖的情感跃然纸上;又在后一句中的"never to disturb that grave",用"never"一词表述不去打扰孤坟的决心,也表现了译者对作者保护无主孤坟的宽厚仁爱的赞同与欣赏。这封家书虽然仅仅是对一座孤坟的处理方式进行了描述,但是郑板桥在其中表达了由自己联想到别人的态度,融入了他对生命意义的理解与关怀,加上生动的译文,更能凸显其中蕴含的推己及人的仁爱和对生命的关爱的思想。

即使面对的是这样一座孤坟,郑板桥也能以对人的关爱态度来对待,在面对万物生命时更是表现出了怜惜生命、关爱生命的思想。如《板桥家书》书中《潍县署中与舍弟墨第二书》:

"蛇蚖蜈蚣豺狼虎豹。虫之最毒者也,然天既生之,我何得而杀之?若必欲尽杀,天地又何必生?亦惟驱之使远,避之使不相害而已。蜘蛛结网,于人何罪,或谓其夜间咒月,令人墙倾壁倒,遂击杀无遗。此等说话,出于何经典,而遂以此残物之命,可乎哉?可乎哉?"

林语堂译文:"Snake and centipedes, tigers, leopards and wolves are most dangerous animals. But since Heaven has given birth to them, what right have we to take their lives? If they were all meant to be killed, then why in the first place did Heaven give them life? All we can do is to drive the far away so that they shall not harm us. What wrong has the spider committed by spinning its web? Some kill them without mercy on the fairytale that they curse the moon or that they may make the walls crumble down. On what authority is such a statement based, by which we kill animal's lives? Will this do? Will this do?"

郑板桥认为蛇、蜈蚣、老虎、豹子等都是危险的动物,但是上天既然给了它们生命,便不能去杀害它们。如果一定要杀害的话,那上天为什么还要赋予它们生命?我们能做的便是远离它们,以免伤害到自己。蜘蛛结网是很正常的事情,但是有人却说因为蜘蛛网而墙倾壁倒,这些言论都是无稽之谈。

林语堂的译文也呼应了郑板桥蕴含其中的情绪,增译的"in the first place"先强调是上天给予了动物生命,然后采用倒装句式将"authority"一词提前,画龙点睛。"authority"这个词一般用于说明特别正式的当局或权威,强调原文中的说法是毫无权威依据,比"evidence"等词更具有说服力,更加坚定了不能认同伤害动物生命的这种做法。最后两句话"Will this do? Will this do?"不仅仅在表达郑板桥对伤害生命的做法的愤怒情绪,同时也将这种情绪传达给读者,引导读者关爱生命。

(二)尊师重道

《板桥家书》中《潍县寄舍弟墨第四书》是对学习态度的论述。

"凡人读书,原拿不定发达。然即不发达,要不可以不读书,主意便拿定也。"

林语堂译文:"When a man goes to school, he cannot be certain that he will become an official. But whether he becomes an official or not, he should make up his mind to study."

林的译文语言亦庄亦谐,用"when"引导的时间状语从句丰富了原文的意思,让整句译文的意思愈加具体;"发达"译为"an official",既符合当时的社会环境,也让西方读者明白"发达"的含义即做官。译文游刃有余,简单而又娴熟的语言详尽阐述了其中的意义,但是如果只这样解释会误导读者产生读书功利心理,起到不好的作用,因此林语堂在最后一句采取增译法"make up his mind to study"引导出活到老学到老的学习态度,一种终身学习的观念。

除对学习的态度之外,还有对待老师的态度。《板桥家书》中提出要尊师重道,传承儒家文化的优秀文化。如《潍县寄舍弟墨第二书》中:

"夫择师为难,敬师为要。择师不得不审,既择定矣,便当尊之敬之,何得复寻其短？如必不可从，少待来年，更请他师，而年内之理解尊崇，必不可废。"

林语堂译文："It is difficult to get a good teacher, but it is important to respect him. One should be careful in selecting a teacher for the school, but once he is chosen, he must be treated with due respect and not found fault with. If he is really not qualified, we should wait till the next year and employ another teacher, but meanwhile there should be no decrease in our courtesy toward him."

郑板桥在家书中叮嘱郑墨选择老师一定要慎重，提示郑墨一定要谨慎择师，但最重要的是要尊敬老师，不得找老师的短处。林语堂的译文中对家书中"何得复寻其短？"的反问句，使用了 must 来肯定其语气，表示对尊敬师长这件事情的态度。must 这个语气词的强烈程度更高于"should""can"等情态动词的语气，因此目标读者在看到翻译之后，无形之中已经感受到尊敬师长的必要性了。译文中又用"no decrease""in courtesy"而非用"polite"这一比较宽泛的词来表达尊师的礼貌，加深了读者的印象。可见林语堂对传播儒家文化中这种尊敬师长的优秀作风是极力推广的。

（三）仁者爱人

中国传统文化重视家庭，重视亲朋好友之间的联络，这也是中国文化能够绵延数千年的原因之一。林语堂在翻译《板桥家书》中也传递出儒家思想中的"仁者爱人"的思想，即在保证了自己和亲人的生存无忧后，再爱别人，帮助别人，最后是治国平天下，这是一个儒家君子追求的目标。

如《板桥家书》中《淮安舟中寄舍弟墨》：

"以人为可爱，而我亦可爱矣；以人为可恶，而为亦可恶矣。"

林语堂译文："If one loves other people, he himself becomes worthy of love; if one hates other people, he himself deserves hatred."

人们对原文中的"可爱"一词的理解容易产生偏差,现在的"可爱"可以理解为令人喜爱的,或者在精神层面形容天真无邪、心灵单纯等意思。但在这句话中的意思却是对别人的关心爱护,一个人如果关爱他人,那么他也一定值得别人的关爱。译文中用两个"if"引导的条件状语从句表示两种相反的结果,弥补了原文中没有充分体现出来的条件,实现了动态平等;用两句句式相对应的句子来对应原文的句式,保留原文中的原汁原味的文言文的语言特征,读起来朗朗上口,对照着的译文也会让读者更容易理解。关心爱护是相互的,怎样对待别人,别人就怎样对待自己,首先爱护自己是必需的,其次爱别人,才能赢得别人对自己的尊重。

郑板桥写家书的期间,社会不稳定,贫富差距大,很多贫民流离失所,因此很多贫民无奈成为盗贼。如《范县署中寄舍弟墨第二书》:

"不知盗贼亦穷民耳,开门延入,商量分惠,有甚么便拿去甚么;若一无所有,便王献之青毡,亦可携取质百钱救济也。"

林语堂译文:"They do not know that thieves are but poor people. I would open the door and invite them to come in, and discuss with them what they would like to share with me. They can take away whatever they like, and if really nothing will suit them, they can take away the great Wang Hsienchih's antique carpet and pawn it for a hundred cash to meet their immediate needs."

对盗贼的描述,林语堂先用"are but poor people"说明盗贼本质上不是坏的。出于对他们的同情,面对盗贼时,郑板桥并不是去斥责和怒骂,而是开门邀请他们,商量如何分得惠物,提供一切可提供的,有什么便让拿去什么。林语堂也用文明体面的词语比如"invite""discuss""share",并不是用"let""tell""give"等比较中性或强势的动词,丝毫没有官架子,体现出即使对盗贼,还是用儒家思想的"仁爱"去包容他们,去帮助他们。

郑板桥在担任县令期间正义凛然,心系百姓,在教导其弟时,也是要求他帮助周围的弱势群体。在领到奉钱以后,郑板桥寄给郑墨并要求他全部分给附近的贫困农户和孤儿。除了上文对盗贼的态度,对亲戚邻里也是给予温暖。如《范县署中寄舍弟墨》中:

"敦宗族,睦亲姻,念故交。"

林语堂译文:"The principal things to cement goodwill among relative and members of the clan and remember old friend."

译文中"cement"一词指水泥、黏合剂之类,但林语堂将这个词当作动词来表达"敦""睦""念",指像水泥一样的坚实来巩固与亲朋好友之间的关系。

不管是对亲戚近邻,还是对陌生贫民,在家书中郑板桥都是鼓励互相关照、互相爱护。林语堂通过深厚的语言功底将这种感情层层递进,将儒家文化中"仁"的精神传达到位。林语堂对外传播中的儒家文化充满生活气息,成了一门与尘世生活相关的学说,它的人文主义和现实主义的倾向,塑造了中国人热爱世俗人生、讲求实际的基本性格,使读者认定人生真正的目的,"存在于乐天知命以享受朴素的生活,尤其是家庭生活与和谐的社会关系"[①]。不论是郑板桥的家书还是林语堂的翻译都在引导着一种正能量,社会安定,百姓和谐,小到爱自己,大到治理国家,透露着儒家的仁爱精神。

二、道家的道法自然文化的书写与传播

林语堂作为道家文化的代表人物,他的幽默观、性灵观和闲适哲学的来源就是以老庄为代表的道家哲学,因此其创作传译也深受其影响。如《京华烟云》中的姚思安面对动荡不安的社会局势处变不惊的态度;木兰的豁达乐观、坚强独立的性格也是深受其父的庄周哲学的影响。剖析英译版《板桥家书》也可发现蕴含其中的道家哲学,书写了一种顺应天道、亲近自然、清心寡

---

① 朱双一:《陈季同、辜鸿铭、林语堂:"中国形象"的书写和传译——闽籍近代中国三大家比较论》,载《福建师范大学学报(哲学社会科学版)》,2019年第1期,第89—99页。

欲的道家文化形象。

(一)顺应天道

老庄哲学穷究天理,主张顺应自然,追求天人合一,是中华传统文化的代表之一,《板桥家书》中多有表现道家文化的篇章。如《雍正十年杭州韬光庵中寄舍弟墨》:

"天道循环倚伏,彼祖宗贫贱,今当富贵,尔祖宗富贵,今当贫贱,理也,又何伤?"

林语堂译文:"For the way of Heaven goes in a cycle. His ancestors were poor, and now it is his turn to be rich and honored; your ancestors were rich and honored, and now it is your turn to be poor. Again, what is wrong about that?"

译文偏向于口语化,符合林语堂闲适的写作风格,贴近道家哲学,其中也不乏亮点。"循环倚伏"林语堂用"cycle"来表示,是一种循环,一个周期,又用"turn"这个词来表达这种天道轮回、理所应当的含义,含蓄而幽默。"福祸皆由天定",这种轮回是上天已经安排好的,无须争夺,是自然而然轮流的事情,这是一种与世无争的表现。最后一句话中"again"再一次强调前文中的道理。"what is wrong about that?"所以这样又有什么错呢?一方面展现出林语堂幽默的写作风格,另一方面将对天道轮回、自然而然的认同的态度在嬉笑中体现得很是传神。

《范县署中寄舍弟墨第四书》也体现了顺应天道的思想:

"织女,衣之源也,牵牛,食之本也,在天星为最贵;天顾重之,而人反不重乎!"

林语堂译文:"Spinning Maid reminds us where our dress comes from, and the Cowherd reminds us where our food comes from; therefore they are the most honored among the stars of Heaven. If Heaven thinks a great deal of them, shall man look down upon them?"

林语堂在翻译中并不是完全根据原文一字不差来翻译,反而会避免原文中的古文形式,寻求译入语中的更为常用的形式和语言来翻译,比如用"reminds"一词另辟蹊径,带有拟人的手法,是一般译者在翻译这句话想不到的一个词,从织女星和牵牛星联想到我们衣食来源之不易。"look down upon"表达文中不重视的意思,林语堂直接采用反向思维用"轻视"来表达,可以看出他对英语的熟练应用程度并且对目标读者习惯用语的了解。这句话中的前两句采用相同的句式,一来可以回应原文中的句子形式,二来两句相互对应,整个句子逻辑关系更加清晰。整句话中也蕴含着道家顺应天道的思想,织女与牵牛分别指织女星与牛郎星,代表衣食来源。上天都重视衣食的来源问题,百姓也必须顺应天意。结合当时的背景,基本生活资源来之不易,林语堂也是在提醒读者要学会珍惜。

林语堂认为老子思想的中心大旨是"道"。老子的道是一切现象背后活动的大原理,是各种形式的生命兴起的、抽象的大原理。因此在对外文化的输出中选择影响力大的道家文化,将道家文化中的顺应天道、亲近自然与清心寡欲三个方面传播出去。

(二) 亲近自然

《板桥家书》在生活中极力提倡悠闲自然的道家哲学思想。如《范县署中寄舍弟墨第二书》:

"幼时饮酒其旁,见一片荒城,半堤衰柳,断桥流水,破屋丛花,心窃乐之。"

林语堂译文:"When I was drinking near the Tower in my young days, I used to look out and see the willow banks and the little wooden bridge with decrepit huts and wild flowers against a background of old city walls, and was quite fascinated by it."

林语堂通过"willow banks""the little wooden bridge""decrepit huts""wild flower""old city walls"等词来表达原文中"荒城""半堤""断桥""破屋""丛花"等意象,最后用"fascinated"表达心中的愉悦感,完全传递出郑板桥寓情于自然景色的窃喜之情。又如,

"听一片啁啾,如云门咸池之奏。"

林语堂译文:"We hear a chorus of chirping voices like a celestial harmony."

这段话主要写了郑板桥的养鸟之道,可以看出郑板桥对道家崇尚自然思想的吸收。译文中用"chorus""chirping voice"形容鸟叫的啁啾声,用"celestial harmony"表达鸟叫声的悦耳更是如同合唱一般和谐,这些词的运用展示出了一种清新闲适自然景象的画面感。中国人将精神寄于山水自然之间,无欲无求,也是道家文化归隐山林、不争世俗的延伸蕴意。

(三)清心寡欲

郑板桥在《范县署中寄舍弟墨第二书》中曾表达自己年老后的愿望:

"吾意欲筑一土墙院子,门内多栽竹树花草,用碎砖铺曲径一条,以达二门。其内茅屋二间,一间作客,一间作房,贮图书史籍笔墨砚瓦酒董茶具其中,为良朋好友后生小子论文赋诗之所。"

林语堂译文:"My plan is to build an earthen house with courtyard, and plant bamboos and flowers and trees around. There will be pebble walk leading from the gate to the house door. There will be two rooms, one for the parlor, and the other for the study, where I can keep books, paintings, brushes, ink-slabs, wine-kettle and tea service, and where I can discuss literature and write poetry with some good friends and younger generation."

郑板桥想修筑一座院子,种满竹子花草,用碎砖铺成一条能到里门的小

路。院子内两间房子,一间专门用来迎接客人;一间专门用作书房,将珍藏的图书史籍、笔墨、茶具等摆放其中,为一些喜爱的朋友或孩子提供能够论文作诗的场地。译文中林语堂用"bamboos""flower""trees",体现出当时中国人民的安静舒适的田园生活的场景以及一种与用竹子、花草和树木来表现出人们不希冀于功名利禄,也不奢求千万豪宅,只是期盼一种安逸舒适的生活状态。众所周知,郑板桥作为清代"扬州八怪"之一善画兰竹,竹在文学中的意象一般都表示文人淡泊、清高和正直的追求。再用"books, paintings, brushes, ink-slabs, wine-kettle and tea-service"来写出当时中国人追求精神上的诉求,追求清心寡欲的生活,并不是一种金钱至上的追求。

在高度物质化的欧美国家中,人们的精神世界几乎被快节奏的物质生活所围绕,而林语堂英译的《板桥家书》如一股清流,其中的所蕴含的顺应天道、亲近自然、清心寡欲的道家文化迎合了这类读者的心理需求和精神抚慰。

三、结语

林语堂的英译版《板桥家书》向西方传译了孔孟、老庄的智慧哲学,他将彰显源语中文的美感和意境的追求和英译的地道幽默结合在一起,一方面是对中国文化的高度自信,另一方面是对西方读者心理的掌握,逐渐为中国优秀传统文化在新世界格局中确立了位置。

林语堂通过《板桥家书》中国和谐的社会关系与清心寡欲的精神追求实现了将中国传统儒道文化传播到西方的目的,在一定程度上让西方读者对中国形象有了一定的改观。不管采取了哪种翻译策略和方法,林语堂都传播了中国文化的精神本色,而且也开启了人们对中国文化的形象自信。中国文化的传承和发展是实现"中国梦"必不可少的组成部分,每位传播者都担负着建构中国文化身份、澄清中国文化形象的使命,合力将"中国梦"所蕴含的中国传统文化思想传播给更多的族群,对国外读者产生积极影响,让更多的国家和人民接受中国文化,热爱中国文化。

作者简介

高青龙 长沙理工大学外国语学院讲师,伦理学博士。主要研究方向为应用伦理学、文化传播学。

樊倩倩 长沙理工大学外国语学院教师。

彭祖文化与徐州汉风烹饪探源

王海峰

摘　要　烹饪文化是文化传承研究的一个重要领域,它不仅是文明发展的一大支柱,而且在实践意义上也跟人们的日常生活息息相关。中华烹饪文明在世界文明坐标系上有着无可替代的伟大意义。在探讨中华烹饪文化中,彭祖文化和徐州汉风烹饪是一个值得探讨的重要课题。中华烹饪文化源头中最早的厨神和祖师彭祖、伊尹和易牙等皆与徐州有关。徐州不但因其汉文化发源地的重要地缘因素在烹饪文化传承中扮演过开山祖角色,而且它在生态地理、人文遗产传承以及民俗和非物质文化遗产发展和推广上也起到过非常重要的枢纽意义。探讨和分析这种文化源流的底蕴,对我们了解汉文化的全面发展以及中华烹饪文明的起源和传承等方面皆有着深刻的启迪意义。

关键词　烹饪文化;彭祖;徐州;地理;民俗

烹饪文化是人类文明和文化遗产内容的一种体现。人类从上古时期到今天,走过了上百万年的进化历程。从开始使用火和原始工具,人类就有了烹饪的萌芽。① 从茹毛饮血到熟食的进化过程使人类能够从食物中汲取更多的营养,而营养的获得促进了人类肢体和器官的进化,从而让人类渐渐脱离了动物界而成为了"宇宙的精华,万物的灵长"②。从这个意义上说,烹饪是跟人类文明生长同步的,它也应该是人类文明和非物质文化遗产传承的一个重要部分。

烹饪是中华文明中的一个重要组成部分,研究它的起源、发展和贡献,是一个非常有意义的话题。本文将着力探讨中国古代先贤对烹饪文化的贡献,重点以古代彭城(徐州地区)对中华烹饪传统的影响为例,研讨从传说中的彭祖时代到作为汉文明发祥地的徐州在烹饪文化中对古中华和其他地区的影响;探讨自先秦开始、以刘邦创建汉朝并将古彭城烹饪文化因子引荐到长安,然后通过宫廷和官方渠道延续影响到唐、宋及以后的烹饪的可能影响。

在地理上,以彭祖和伊尹、易牙为代表的古代徐州地区烹饪文化名家以地利为依托,逐渐影响到了周边山东、河南、淮扬地区、安徽及江南的烹饪文化;并通过这种原始的影响及其流变拓展了徐州烹饪文化的影响力。古彭城徐州作为中华文明发祥地之一,从传说中史前原始火炙食物到先秦时代都产生过烹饪名家。在徐州出土的大量汉代画像石资料上有很多烹饪的视觉物证和记录。古彭城从宫廷到民间,从大宴到家常宴,从简单的烧烤到钟鸣鼎食筵席都没有缺席,而且在整个中国烹饪史的历程中不断引领潮流,扮演着导引者的角色。

中国八大菜系里面没有徐州菜,但徐州菜却有个傲人的头衔曰"菜祖"或"百菜之祖"。徐州是古九州之一,它更早的名称叫彭城。彭城是中国最

---

① Howard Michael C, Dunaif-Hattis Janet. *Anthropology*: *Understanding Human Adaptation*. Harper Collins Publishers, New York, 1992, p162, p253. 书中用世界考古学资料证明在150万年前人类就开始操控并使用火了。火的使用对人类发展和进化起到了有利的杠杆作用。

② William Shakespeare. *Hamlet*: *The Tragedy of Hamlet, Prince of Denmark*, The Floating Press. 2008, Auckland, New Zealand, p.93.

早的原始大都会城市之一,它地处南北通衢的中原地带,具有产生美食和吸收、传播美食的条件。美食是靠优越的食材、精湛的技艺和懂行的吃客培养起来的,而吃客群体的产生需要一定的历史积淀和物质条件,这个条件决定于经济基础。

产生美食的要件是物质丰富、食材优厚且宽广,经济发达,人民生活普遍富裕,还要有产生美食的优越的人文环境,有欣赏美食和促进美食提高的消费者群体和评鉴者。[1]这些条件,古彭城基本上都满足了。

一、历史渊源资质

人类从史前发展到文明时代,学会了用火,开始发明了烧烤和炙的基本烹饪手法,又发明了陶器。有了陶器后开始流行烹煮和蒸,再往后动物油和植物油渐丰,遂出现了煎、炸、炒的手法,烹饪术至此基本成形。[2]烹的程序基本上发展完善后,厨界开始了"调"的进化。从食盐发现到其后发明植物和动物类香辛料及调料,到腌、酿、熏、风等手法的发明,史前人类的努力是随后的文明时代烹调暨厨艺起源和发展的基础。

中华文明中的烹饪起源于什么时代呢?现在大多相关著作追溯到先秦和商周时代[3],因为这一时期考古资料和物证较多,但对此前的烹饪起源境况大多语焉不详。[4]但历史事实是,远在夏商周以前的中华文明萌芽期中国已经有了烹饪的雏形,这一时期不止出现了烹饪,而且有传说中烹饪的厨神

---

[1] Rachel Laudan. *Cuisine and Empire: Cooking in World History*. Berkeley, Calif.: University of California Press, 2013, pp.19-24.

[2] 李石英,李作智:《人类熟食的开始和炊具的发展与演变》,载《烹饪史话》,北京:中国商业出版社,1986年版,第1—7页。

[3] 王仁湘:《饮食与中国文化》,北京:人民出版社,1994年版;瞿明安,秦莹:《中国饮食娱乐史》,上海:上海古籍出版社。二书对中华烹饪史前史没有详细叙述,而直接从商周或"先秦"时代叙述,忽略了此前文明中烹饪萌芽时期的内容。

[4] 王学泰:《中国饮食文化史》,桂林:广西师范大学出版社,2006年版。此著对史前文明和烹饪文化有简略叙述,但没有传说时代烹饪起源和彭祖、伊尹等厨祖内容,乃从夏商时代开始叙述的。

和厨祖出现。战国时期的楚国诗人屈原在其伟大的长诗《天问》里面就发问过:"彭铿斟雉,帝何飨? 受寿永多,夫何久长?""何承谋夏桀,终以灭丧? 帝乃降观,下逢伊挚"①。屈原提到了给帝尧馔制雉羹的厨神彭铿(彭祖),也提到了另一位厨行的祖师爷伊挚(伊尹)。巧合的是,这两位中华厨神和厨祖都跟徐州有关。

徐州菜在中华烹饪史上源远流长,史载它可以追溯到上古的帝尧时期。这里面的文字和史料依据跟彭城文明的源头彭祖有关。传说彭城得名于帝尧封颛顼后裔彭铿(彭祖)于徐州,称之为"大彭氏国"。② 传说彭铿曾经用烹饪的本领救过驾,让生病的帝尧康复而获赏此封地。大彭氏国其后历经了夏、商,后灭于商纣王时期。文字发明后,先人将这些传说故事录入了史籍,于是徐州烹饪文化的起源跟彭祖的关系就有了依据。中国的史书举凡叙到彭祖,都会提到他擅长烹饪野鸡汤并因救助帝尧受封的故事。故而彭祖也被作为烹饪和厨师之祖而受到敬奉并扬名后世。

彭祖应该是什么时候的人呢? 他的故事流传于三皇五帝的传说时代。《史记》《荀子》《庄子》《列仙传》等书皆有关于他的记录,大多称他为颛顼玄孙。颛顼生卒年代史书推算为公元前 2342 至前 2245 年间,故彭祖生活的年代大约在公元前 2200 年。史载彭祖因"善养性,能调鼎,进雉羹于尧"而受到帝尧的赏识。除了雉羹,传说他还创造了其他佳肴如羊方藏鱼等名菜。有趣的是,除了烹饪,彭祖也是一个政治家。后世的孔子对他推崇备至,庄子、荀子、吕不韦等先秦思想家也都有关于彭祖的言论,《史记》等史书也有关于他的记载。道家更把彭祖奉为先驱和奠基人之一,许多道家典籍保存着彭祖的养生遗论。因此可以说,彭祖是中国最早名字见于经传的烹调家,所以他后来被尊为中华厨神或厨师之祖。

---

① 屈原:《天问》。
② 《白虎通义·号》:"五霸者,何谓也? 昆吾氏、大彭氏、豕韦氏、齐桓公、晋文公也。""昔昆吾氏,霸于夏者也。"《四书章句集注》注云:"丁氏曰:夏昆吾,商大彭、豕韦,周齐桓、晋文,谓之五霸。"

中国历史上另一位著名的厨师伊尹也跟徐州有关系。史载伊尹生于公元前1649年的夏朝,他也是公认有文字记载的一位中国名厨和政治家,并参与建立了商朝。传说中的伊尹是奴隶出身,他曾在商汤王室做厨师。史书上说,伊尹有政治抱负,不甘于厨业而利用向商汤进贡食品的机会向商汤分析天下形势。商汤很欣赏他,便取消了伊尹奴隶身份,后逐步将其提升为宰相。公元前1600年,他辅佐商汤灭夏朝建立商朝。他在任职期间整顿吏治,洞察民情,使商朝初年经济比较繁荣,政治比较清明,他也参加过宫廷高层的政治决策。[①]

伊尹的出生地有说河南,有说陕西,史上没有确切记录。徐州郊县有个伊庄镇,据说是伊尹的故乡。

易牙是春秋时期齐国的名厨。据说他公元前770年出生于徐州。作为名厨,易牙的特点在于他善于辨味和精于烹调,史称其"至于味,天下期于易牙",可见对他的评价之高。除了做菜有绝活儿,他也热衷于政治并获齐桓公的信任委为高官,参与了齐国的政变。史载易牙事败后逃到了彭城,晚年的他安心做厨师并将厨艺发扬光大,被后世拜祖称神,鲁菜的源头往往会追溯到他。

这三位厨祖皆与徐州有关,对徐州的烹饪文化的起源和发展有着无与伦比的影响。

二、厚重的人文传统

彭城成为百菜之祖和烹饪之乡的另一值得骄傲的因素是其文化名人的加持;这是它成就美食名城之不可或缺的"人和"的因素。前面我们讨论了三位始祖级的厨神彭祖、伊尹和易牙。他们的影响深深地植根在了徐州,它

[①] 司马迁的《史记·殷本纪》曾记载:帝太甲既立三年,不明、暴虐,不遵汤法,乱德。于是伊尹放之于桐宫三年,伊尹摄行政当国,以朝诸侯。帝太甲居桐宫三年,悔过自责反善。于是伊尹迺迎帝太甲而授之政。

的地理面积虽在一城,但其辐射地区和影响力却绝不限于一隅。

这个地区曾经产生了无数的文化名人。如果我们以徐州为圆心画半径,中国"圣人级"的先贤孔子、孟子、老子、庄子等一众大哲的出生地和活动地都在附近方圆几百里地的范围。他们虽然都并不以厨艺、烹饪见长,但却也都有很精彩的关于食文化和烹饪及治国相协调的主张,颇为值得一说。

孔子常常被尊为至圣先师,其实他不止是个思想家和政治家,他也是一位美食达人。孔子两千多年前的有关美食和烹饪的主张到今天仍然值得关注。烹饪和美食的爱好把这个圣人从神坛上拉到了厨房,让他跟我们这些市井细民有了亲切的交流和日常分享。孔子是庄严的,有时也是幽默的。

孔子是美食家,他主张"食不厌精,脍不厌细";他对食材和烹饪方法也有自己的"八不食":"食饐而餲,鱼馁而肉败,不食。色恶,不食。臭恶,不食。失饪,不食。不时,不食。割不正,不食。不得其酱,不食。沽酒市脯不食。"此外,关于养生他还有"食无求饱,居无求安""食不语,寝不言"等金言玉句。

除了孔子,老子和庄子对烹饪和食材处理也都有精彩的言论。比较著名的有老子谈治国的"治大国如烹小鲜"。他提出要让人道和自然做主、让人民休养生息的主张。他用最通俗的厨艺作比喻,一方面凸显他的理论深入浅出,另一方面也昭示了老子是个深通烹饪之道的达人。否则他想不出这样绝佳且家常的例子。

至于庄子,他著名的"庖丁解牛"的寓言早已深入人心,成了妇孺皆知的成语。此外,庄子的美食和养生思想对后世的影响也较深。他提倡顺应自然,讲究服食和行气;外养内修、调整阴阳以及素食和辟谷等主张都对后来的中华饮食和烹饪文化产生了深刻的影响。道家的益气养生学说促进了"食疗"学说的发展,在中国开拓出了药膳和食补的渊源。

孟子也是精通美食的大哲。他在《告子章句上》中就详细讨论过烹饪和味觉对于共同美感和心理感受的影响:"口之于味,有同耆焉"。此外,在《万章章句上》里他也讨论了最早的厨师和政治家伊尹的史实,替以厨参政的伊尹辩护。① 在《告子》篇中,他也讨论了易牙烹调术对于人类味觉的协调性功能的意义。

上面言及的孔子、老子、庄子和孟子虽不是彭城人,但他们的出生地和活动范围都离徐州不远。因之,合理推想,他们关于烹饪的观念可能跟此期徐州的烹饪文化有关相互的影响。

到了汉代,徐州的烹饪文化更是得到了极大的发展。汉代开国皇帝刘邦是徐州人,他对家乡的烹饪情有独钟。传说,他青年时跟屠夫樊哙交情厚,常蹭食他的鼋汁狗肉,这款狗肉制法在两千年后的今天仍然在他的家乡流传。《史记》记载汉高祖刘邦得胜回乡时曾组织盛大筵席招待家乡父老并高唱"大风歌",可见当时此地饮馔文化之盛。刘邦是个恋旧的国君,定都长安后还怀念家乡。据传,其父因思念故土不愿跟随,刘邦就将故乡丰县居民全部搬迁到长安郊区并完全仿照老家丰县格局重建并命名"新丰县"(白居易名篇《新丰折臂翁》故事即发生此地)。自然,他也把徐州的风土人情乃至烹饪技术带到了国都,影响了汉代的烹饪风格。

刘邦称王后,他的后代多在徐州地区封侯,成为了各路"汉王"。徐州地区被称为"自古龙飞地",这里贵族和文人雅士聚集,生活较为骄奢淫逸,这种风气当然也为提高彭城厨艺产生了积极的影响。

刘邦的孙子、中国豆腐的发明者淮南王刘安也是徐州人。豆腐在中国饮食业的地位相信无人不知。史料记载,两汉四百年间,徐州共有十三位楚王、五个彭城王,这些王侯贵族的生活对本地徐州的饮馔文化的影响也是巨

---

① 《孟子·万章章句上》万章问曰:"人有言,'伊尹以割烹要汤',有诸?"孟子曰:"否,不然;伊尹耕于有莘之野,而乐尧舜之道焉。非其义也,非其道也,禄之以天下,弗顾也;系马千驷,弗视也。非其义也,非其道也,一介不以与人,一介不以取诸人。汤使人以币三聘之,嚣嚣然曰:'我何以汤之聘币为哉? 我岂若处畎亩之中,由是以乐尧舜之道哉?汤使往聘之,既而幡然改曰:'与我处畎亩之中,由是以乐尧、舜之道,吾岂若使是君为尧、舜之君哉?吾岂若使是民为尧、舜之民哉?吾岂若于吾身亲见之哉?"见焦循撰:《孟子正义》,北京:中华书局出版,2009年。

大的。

汉以后，徐州仍然是中华文明重镇和文化名城。史书记载了很多政治家、文豪和各路达人在这里创造的美食故事。比较有名的有唐韩愈在此创制的"愈炙鱼"、白居易爱吃的"乐天鸭子"、名妓关盼盼善烹的"油淋鱼鳞鸡""葱烧孤雁"，宋朝苏东坡任徐州知府时创造的"东坡四珍"等名菜。明代传奇人物刘伯温也钟情徐州馔饮。传说他在徐州曾经指导烹制"南煎丸子""酿苦瓜""野味三套"等名菜。清朝徐州菜的地位更不必说——徐州地处南北要津，是康熙和乾隆皇帝下江南的前站和必经之道，也是皇帝们的美食前站。徐州饮馔传统一以贯之、源远流长地发展，直到近现代它仍然是美食重镇。这里食肆发达，以烹饪为业者众。

三、当代徐州烹饪特点

（一）徐州风格的传统"土菜"

很多徐州菜仍然保留着古代的烹饪痕迹，如流传了两千年的古法沛县鼋汁狗肉，沿袭汉风的烤肉，复古仿作的楚霸王"龙凤宴""凤鸣宴"，用鼋鱼和土鸡制作的"霸王别姬"，还有循古制的"羊方藏鱼""东坡宴""八盘五簋宴"，等等。另外民间土菜的"大三滴、中三滴、小三滴"系列和形形色色的食材、民间独到的烹饪手法中都能看到古代烹饪技艺的影子。

总的来讲，当代徐州菜的特点是善用火候，喜用蒸、熬、小炒、地锅、炸、溜、炖、拔丝、干煸等技法。徐州乡土菜有重油、重盐、重色、重辣的特点，善用葱、姜、蒜和香菜调味。它的食材广泛，南北兼吃，有些非传统的食材如蝉蛹、蚕蛹、蝗虫和多种野菜，包括紫藤、槐花乃至某些有刺激味的野蒜、野韭、地枣苗子等皆可蒸食。随着现代养生观念的普及，有的徐州土菜也在与时俱进地进行适度调整，趋向食疗、食补的路子发展。

（二）广泛博取，结合多种风格形成的融合菜

因交通发达，徐州自古有喜欢学习借鉴和发扬光大的传统。今天的徐州菜饮食风格仍然保留着这个特点。它往往以地方特色为基础，及时汲取其他地区菜系的长处融入自己的菜品。

近代以来，徐州菜在鲁菜、淮扬菜和徽菜等菜系的基础上，学习了川菜的特点，开发了很多辣味菜。徐州喜辣，所以跟川菜特征一拍即合。此外，各类烧烤、火锅菜也很受欢迎。徐州及时将其拿来并根据本地食材和风味进行调整，很快形成了适应本地而又"强化版"的融合菜。这种新风格的菜品有的比原产地的本土做法更受欢迎——不只是受徐州人欢迎，而且受到了外地人乃至于原产地人的盛赞，甚至很多被认为是超过原品、青出于蓝胜于蓝的菜式。这些新的融合菜式正是徐州菜"拿来主义"却又注重提高和改进，持开放心态再发展传统所致的成功范例。

（三）琳琅满目、美不胜收的各式小吃

彭城小吃也是天下一绝。天上飞的、地下跑的、水里游的几乎都能作为小吃的食材。徐州小吃也是一部完整的彭城风土记和民俗进化史。从上古的彭祖雉羹到最新的仿制西餐比萨和炸鸡，可谓琳琅满目，五花八门，应有尽有。

徐州小吃的主要类型有早餐、加餐和零食。早餐属于刚需，全国各地都有，但徐州有其独到之处。比如被称为独具特色的"徐州三汤"（饣它汤、辣汤、绿豆丸子汤）都有悠久历史和绝活儿。其他各种小吃如扁食（水饺）、炸货、烤货、饼、糕点、包子、粥、粉、蒸菜等都各具特色且物美价廉。加餐类的小吃从午到晚甚而至夜市终日不绝。剔除近年来的外地产品，最具徐州特色的有徐州蛙鱼、烙馍卷馓子、玛糊、煎饺、油茶、热粥、壮馍等地方小吃。

除了烹调类，徐州糕点的综合南北性也具有浓烈的地方特色。其中有

桂花山楂糕、小孩酥、麻片、花生糖、寸金、大芙蓉、小芙蓉、炒糖、江米条、条酥、蜜三刀、椒盐酥饼、红白京果、京枣、羊角蜜、蜂蜜糕、徐州酥糖、蜜套环，等等。它们影响并启发到了周边苏鲁豫皖各地的糕点产品。

饮食文化特别是烹饪文明是人类文明遗产的一个重要的组成部分。现在各类重要的世界组织皆在全球范围征集和抢救、探讨并溯源人类烹调文明的史料及其传承研究。在这种宏观大背景下，我们研究中华文明中的烹饪起源，特别是研究彭祖和汉风文化背景中的徐州烹饪从远古至今的影响，应该是有着必要和特殊的意义。

作者简介

王海峰 广州美术学院视觉文化研究中心教师。